かあさんの暮らしマネジメント

仕事、家事、人生をラクに楽しくまわすコツ

一田憲子

はじめに

もしかしたら、働くかあさんは、そんじょそこいらのビジネスマンより、ずっとマネジメント力があるんじゃなかろうか？　そう思ったのがこの本をつくるきっかけでした。

仕事から帰り、ごはんを作り、子供に食べさせて、お風呂に入れて、寝かしつける……。仕事を持つかあさんたちはヘトヘトで、「あ～あ、なんでこんなに大変なんだろう？」とため息をついたりします。

限られた時間の中で、仕事と家事と子育てをバランスよくこなすには、「ただなんとなく」過ごしていたのでは間に合わないし、「一生懸命にがんばる」という努力だけではまわりません。子育てには正解がないし、仕事を極めるには時間が足りない。「ここ」から抜け出すためには、いったいどうしたらいいのでしょう？

「マネジメント」とは、今ある資産＝自分が持っている宝物を見極め、分析、改善、調整をしながら組み立て直し、目的のためにいちばんいい方法を考えることです。

その第一歩は、現状を把握すること。無我夢中の毎日の中で、ちょっと視線を上げて、「今」を見つめてみる。何が大変なの？　どうして時間が足りないの？　何にイライラしているの？といった具合。大事なのは、「気持ち」はひとまず置いておいて、心を動かさずに現実と対峙《たいじ》すること。「本当の今」が見えてくれれば、「これをやめればイライラしないかも」と何かを手放す方法に気づくかもしれないし、「そこまで完璧じゃなくていい」と5つやってきたことを、3つに減らせるかもしれません。自分ひとりでがんばらないで、まわりにいる人の力を借り、リスクを分散させることも「マネジメント」のひとつです。

次に目的を定め、そこに少しでも近づくために、どうしたら「成果」が出せるか、その方法を考えます。でも、「かあさん」の目的っていったい何なのでしょう？　子供を健《すこ》やかに育てること？　仕事で自分を表現すること？　どちらもをバランスよくこなすこと？　今回8人の働くおかあさんたちにお話を聞いてみると、なんと、みんな目的が同じでした。それは、自分自身を「ご機嫌」にすること。なるほど！

「ご機嫌」でさえいられれば、床に多少ホコリが舞っていようが、お惣菜を買ってこようが、80％で仕事を終えようが、ＯＫなのです。目的をひとつに絞れば、手放してもいいことが、たくさんある！　重い荷物を山盛り背負って必死に走っていた毎日から、不要なものを降ろして、軽やかな気分でまた走り出す……。それが、「かあさんの暮らしマネジメント」です。やらなくてはいけないことが山ほどあって、子育てと家事と仕事でいっぱいいっぱい。そんな日常に押しつぶされそうになったとき、自分の「気持ち」からいったん離れ、いつもの暮らしの中に、「マネジメント」というクールで論理的な切り口をとり入れたら、新たな扉が開くかもしれません。

この本を読んでくださる方々の明日がご機嫌になりますように。

もくじ

バスタオルはいらない！

子育てと仕事を両立する方法はモノを減らすということ

かあさんNo.

01

保手濱歌織さん

ほてはまかおり

ファッション大手の通販カタログの総合ディレクションを担当後独立。デザイン制作会社を経営するかたわら、職種や肩書きなどの境界線をなくす「mazecoze研究所」を運営。7歳の幸歌くんと、2歳の幸都ちゃん、今年生まれたばかりの織都くんと夫の5人家族。

不要になった服は、フリマアプリの「メルカリ」を利用して、スマートフォンで写真に撮って特徴を入力して出品。売れたら購入者に直接発送する。お金のやりとりはメルカリが仲介してくれるので安心。

リビングには、ダイニングテーブルと椅子、ローテーブルがあるだけ。家具も極力増やさず、「何を持っているか」が把握できる暮らし方に。ダイニングテーブルは仕事机でもある。

家事や育児に
手がまわらない。
そう感じたら、
モノをひとつ手放す。
モノが少なくなれば
自分の時間が
増えるから

保手濱さんのモノを減らすテク

本当に必要なものはなに？と考えることは、いつもどう暮らしているかを見直すこと。
基本は、ひとつの用途に使うものはひとつだけあればいい、と考えます。

菜箸は使わない

ごはんを食べるときに使う箸を多めに常備しておき、料理のときもこれを使う。用途を限定するものは持たない。

食器は吊《つ》り戸棚に入るだけ

5人家族で使う器は、ここに並んでいるものがすべて。子供でも安心して使える丈夫でシンプルなものが中心。

ゴミ箱は家にひとつだけ

「クード」のシンプルなゴミ箱は、外からは見えないけれどキャスター付き。紙ゴミから生ゴミまでここへ。

おもちゃは棚に入る量だけ

寝室に「無印良品」のパルプボードボックスを並べ、おもちゃも絵本も、ここに入る量だけと決めている。

お風呂グッズは宙づり収納

シャンプーやボディソープは床に置かず宙づりにすればヌメリなし。買い置きはせず、なくなったら通販で購入。

珪藻土のバスマットを

濡れたままのっても、すぐに乾く珪藻《けいそう》土《ど》のバスマットを利用。これで洗う手間が省け、いつも清潔にキープできる。

部屋を片づければ、脳みそのキャパが増える！

仕事場から徒歩10分ほど。7歳の幸歌《こうた》くんと、2歳の幸都《こと》ちゃん、そして今年生まれたばかりの織都《おと》くんを育てながら働くために保手濱歌織《ほてはまかおり》さんが選んだのは、利便性にすぐれた都心に住むという方法でした。築20年、2LDKのマンションに一歩入ると、ものの少なさ、こざっぱりぶりに驚きます。とても小さなお子さん3人がいるとは思えないほど！「脳みそのキャパと、ものの量は比例すると思うんです」と保手濱さん。つまり、ものが少なくて、部屋が整理整頓されていると、頭の中もきちんと整理され、「脳みその余白」をきちんと使っていろんなことを考えられるというわけ。何かの解決法を探しているとき、ああでもない、こうでもない、と渦中にどっぷりつかって試行錯誤するのではなく、ポンと、その場からジャンプしてみることができる人は、とてもクレバーだなあと思います。一見まったく関係ないと思われる方法が、現実をひっくり返す力を持っている……。保手濱さんの場合、それが「ものを減らせば、家事や育児がラクになる」という方程式でした。

リビングにある家具はダイニングテーブルと椅子、ローテーブルだけ。おもちゃや絵本は、寝室にある「無印良品」の棚に入る量だけ。食器は、キッチンの吊《つ》り戸棚の中のみ。「調味料も少ないですよ〜。私、和食しか作らないので、キッチンにバルサミコ酢とか、洋風のものはないんです」。「バスタオルを持つことをやめました。フェイスタオルを何枚も用意しておき、お風呂上がりには、数枚使って体を拭くんです。バスタオルってなかなか乾かないでしょう？　そんなストレスもなくなりましたね」。「菜箸もなし。ごはんを食べるお箸を調理にも使います」。といった具合です。え！　和食しか作らないの？　菜箸っていらないんだ！とお話を聞きながら驚くことばかり。私たちが当たり前に「必要」だと思っていたものは、実はそう思い込んでいただけなのかも。世の中が「必要」ということも、自分にとって「不要」なら、バッサリ切り捨てる。その決断の潔いこと！

「いる」か「いらないか」の判断の基準は「今」という時間

でも……。ここでちょっと考え込んでしまいました。私のようなモノ好きは、モノを買うことで、生活の楽しみが増えていく気がするのです。器を買えば、盛りつけ、食べる楽しみが。鍋を買えばそれを使って新作に挑戦するワクワクが。モノを少なく

常備菜3品に
作ったのは
煮魚と味噌汁だけ。
平日は粗食で
いいんです

独立型のキッチンは、狭さを逆に生かして、何にでもすぐ手が届くコックピットのように。副菜は常備菜ですませるので、メインと味噌汁を作り、ご飯を用意すればできあがり！

かあさんレシピ

ジャコピー煎り酒炒め

最近お気に入りの調味料が「文《ぶん》右《え》衛門蔵《もんぐら》」の「煎《い》り酒《ざけ》」。ピーマンを細切りにし、ちりめんじゃこと炒めて、煎り酒で味付けすれば、子供たちも大好きな一品に。

かあさんレシピ

煮卵と黒豆煮

煮卵は、まずゆで卵6個を作る。別の鍋で水150mlにしょうゆ、みりん各50ml、砂糖大さじ6を加えてひと煮立ちさせ、ゆで卵を入れ、冷蔵庫でひと晩おけば完成。お弁当のおかずにも使えて便利。

ジャコピー、キャロットラペ、煮卵は常備菜を盛りつけただけ。タラの煮つけを作り、ご飯と味噌汁でたちまち夕飯のできあがり。
あれこれおかずを並べるより、労力を費やしすぎず、シンプルなおいしいものを食べられればいい。

することで、そんな生活の豊かさが減り、味気ない毎日になってしまうのではないかと。すると、「物欲がないわけじゃないんです」と保手濱さん。長年アパレル会社で働いてきたこともあり、洋服は大好き。今回の取材時も、美しいシルエットの「エンリカ」のスカートがよくお似合いで、片耳だけのピアスのかっこいいこと！「好きなものはどんどん変わっていきます。私が好きだと思うものは、永遠に好きなわけでなく、〝今〟好きなだけ。だから、モノにこだわりすぎないように。今の気分と違うなと思ったら、すぐに、フリマアプリの『メルカリ』などを利用して処分します。常に〝今〟にフィットするものだけで暮らしたいということかな」。

確かに保手濱さんは、今のおしゃれをしっかり楽しみ、食器の数は少ないけれど、北欧の「イッタラ」や島根県の「出西窯《しゅっさいがま》」のモダンな器を組み合わせ、美しい食卓を演出していました。そんな様子を見ながら、ああそうか！と膝を打ちました。

保手濱さんの、ものの持ち方の基準は「今」という「時間」なのです。「いつか必要かも」と思うものは一切持たない。過去の思い出も、未来のための備えも必要ない。だから、幸歌くんが描いた絵や工作は、写真に撮って処分し、おさがりの洋服もストックすることはないそう。「必要になったら、また買えばいいと思うんです。それよりも、使わないものを収納するスペースのために家賃を払うほうが、ずっともったいないと思うから」と語ります。徹底的に無駄をそぎ落とすことで、余計な手間や時間をかけることなく、「本質」の時間を捕まえることができる。その合理的な考え方こそ、保手濱さんならではの「かあさんマネジメント」の基本でした。

出産はゴールではなく、スタートだった

大学卒業後は編集プロダクションでガイドブックの編集を手伝いながら、お金がたまるとバックパッカーとして、ベトナムや中国など海外各地へ、2〜3週間の旅に出かけていたそうです。「最小限のモノで暮らす、というのは、そのころ身につけた術《すべ》かもしれませんね」。

今でこそ、自分の価値観をしっかりと持てるようになりましたが、若いころは人の評価が気になって自分に自信が持てなかったと聞いて意外でした。「自分がやりたいことをやっていいんだ、自分の意見を通していいんだ、とわかるまで時間がかかりました。好きなことをし、好きな服を着ていたほうが、気持ちがいいし、人からほめられる。そんな経験を少しずつ積み重ねて、『これでいいんだ』と思えてきた気がします」。

その後、先輩に誘われるまま大手アパレル会社に出向して、通販カタログのディレクションの仕事をするようになりました。「商品の買い付けからモデルのキャスティ

ング、編集やデザインのディレクション、売上の検証まで任されていました。やりがいがあって、あのころがいちばん楽しかったですね〜。ものを売るしくみを知ることができたことは、その後の仕事にも役立っています」。

そして、ちょうどそのころ第一子を妊娠。さまざまな事情があって、保手濱さんは、結婚せずひとりで子供を産むことを選択しました。「お金さえちゃんと稼げれば、なんとかなる、って思ったんです。私ね、なんだかいつもがんばっちゃうんです。あきらめるより、がんばるほうを選ぶ……。子供を産むことも、2日間悩んだだけですぐ決断しました！（笑）。今までのように会社に常駐することはできなくなるだろうから、法人を設立して契約し、ウェブサイトのランディングページを作る仕事をはじめました。産む当日まで請求書を書いていて、出産1か月後には、保育園に預けて仕事を再開したんですよ。でもね、子育ては、お金だけではなんとかならなかった（笑）。今振り返ってみると、あのとき勘違いしていたことがよくわかります。最初の出産って、産むことがゴールなんです。産んだら、ほんわかとした、ミルクの香りの楽しい子育てがはじまるのかと思ったら、とんでもなかった。産んでからのほうがずっと大変で、産んでからが本物のスタートなんですよね。そんなこと、誰も教えてくれなかったから」と笑います。

これからは、仕事のクオリティを高める時代

出産後3～4年間は、「めちゃくちゃな生活だった」そうです。ありがたいことに、仕事は順調。膨大な量を任され、金銭的に困ることはありませんでしたが、夜中まで仕事の電話がかかってくるような状態。「新生児のころって、メールさえ返すことができなくなるんですよね。朝きたメールは夜にしか返せない。こんなに自分の時間がなくなるなんて、思ってもいませんでした。ワークライフバランスなんて言っている暇もない。忙しすぎて、子供にもついあたってしまうし、子育てを楽しむ心のゆとりもない。2歳ぐらいになるまで、子供をかわいいと思ったことさえありませんでした」。

そうこうしていると、今度は景気の低迷により仕事の量が激減。「スタッフに辞めてもらったり、銀座の事務所をシェアオフィスにしたり。徐々にほかのジャンルの仕事へとシフトして、体制を整えました」。さらりとそんなことを語る強さに驚きます。今、3人の子供に囲まれ、穏やかに過ごす姿からは、想像もできない過酷な日々があったと聞いて胸が痛みました。生きていくことに必死だと、たとえ親であっても、子供を愛《いと》おしいとさえ思えない……。それほどまでにギリギリの状態を乗り越えてきた

情報はデジタル化して、ペーパーレスに

アプリを上手に利用すれば、整理整頓の手間もしまっておくスペースもぐんと縮小。
ラクに家庭管理ができるテクはさすが！

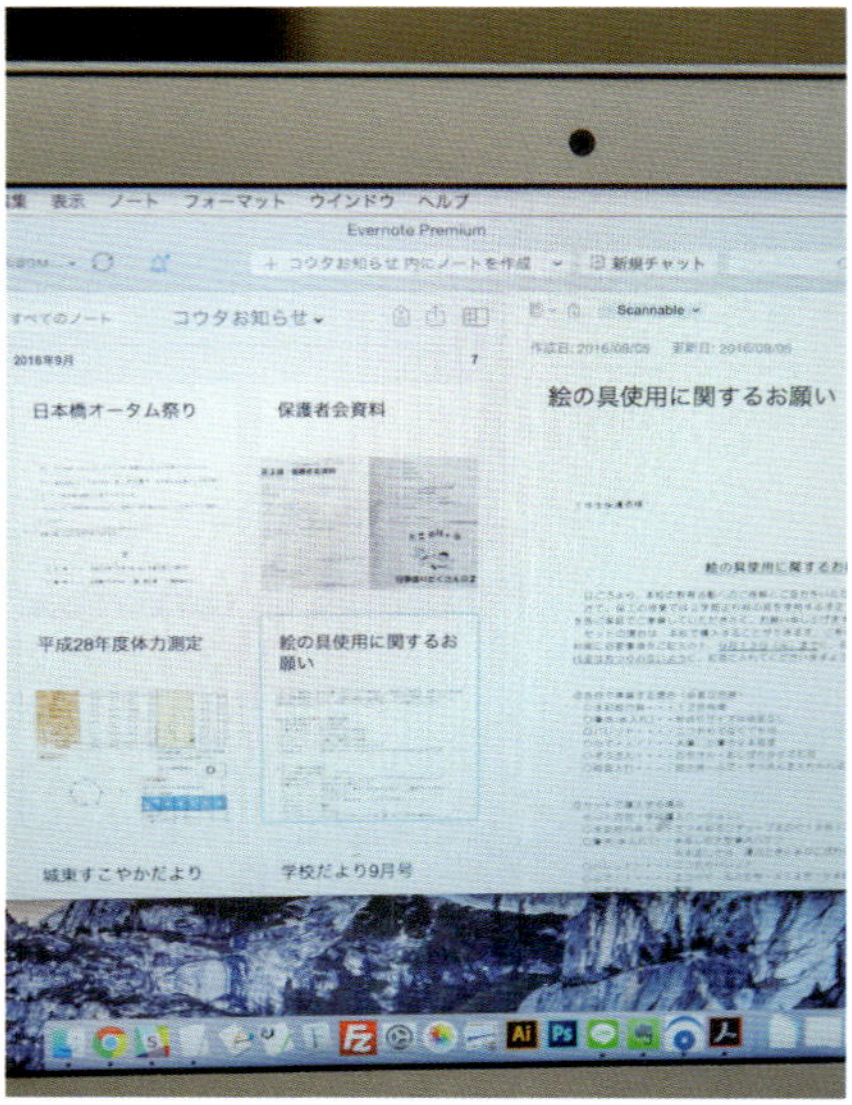

すぐマネしたい!

学校のプリントはスキャンして「Evernote」で管理

「Scannable」というアプリを利用すれば、スマートフォンで書類を簡単にスキャンし、PDFにして保存できる。「Evernote」は、いろいろなメモやデータを1か所にまとめ、管理するためのシステム。スキャンした学校のプリントを保存し、ご主人と共有。

レシートの写真を撮るだけ家計簿アプリ「Zaim」を利用

スマートフォンでレシートの写真を撮るだけで、品目や金額を読み取って、食費、交際費と分類して家計簿に記載してくれる。何にいくらぐらい使っているかが一目瞭然。入力したレシートはすぐ処分するそう。

「Googleカレンダー」で夫とスケジュールを共有

「Googleカレンダー」は、スマホからもパソコンからもアクセスでき、さらに家族など登録した人と共有できるというすぐれもの。学校の予定などは、これでご主人と確認し合うことで忘れ防止に。

写真は「Dropbox」にあげてスマホにため込まない

「Dropbox」を使うと、写真や書類に、パソコンやスマートフォンなどどこからでもアクセスできる。スマホで撮った写真は、「Dropbox」と「Googleフォト」のダブル保存だと安心。

からこそ、自分にとって何が必要で何が不要か、瞬時に見抜く判断力が育ったよう。

今は仕事も安定し、デザイン制作会社を経営しながら、プランナー、クリエイティブディレクターとして働くようになりました。その仕事のひとつが、「ｍａ《マ》ｚｅ《ゼ》ｃｏ《コ》ｚｅ《ゼ》研究所」というなんともユニークな名前のプロジェクトです。世の中にある、肩書き、住んでいる場所や家族構成などのさまざまな「境界線」をまぜこぜにしながら、未来を切り開く働き方、暮らし方を探る場を作るというもの。昨年は、友人たちと一緒に住宅会社のコミュニティスペースを作る、という仕事を手がけたそう。「自宅と職場以外の場所＝サードプレイスを街に作る、というプロジェクトでした。とても勉強になったし、楽しかったですね。以前必死に働いていたころの仕事は、『作業』だったなあと思うんです。費やした時間は莫大《ばくだい》だったのに、ちっとも社会に貢献できていなかった。今の仕事のほうが、社会の役に立っているな、という実感があります。そんなふうに、仕事の質を変えていければいいかなと思っています。かつてと違い、最近では子育てをしながら働く女性への理解も深まり、互いに子連れでごはんを食べながら打ち合わせをすることも増え、ちょっとは生きやすくなったかな」。

そんな中で３年前、新たなパートナーと出会い、昨年から一緒に暮らすようになりました。精神的にも金銭的にも徐々に安定し、幸都ちゃんを出産後に正式に入籍。そして今年１月に第三子、織都くんを出産したばかりです。今は、ちょっと仕事量をセーブし、子育て中心の暮らしに。ふっと一息ついた今、生き方、暮らし方に対する考えが少しずつ変化してきました。「幸歌が小学生になると、幼いころとはまた少し違う手間がかかるようになって、ちゃんと向き合ってあげなくちゃいけないなと感じているんです。フルで働いていると、なかなかそれができません。やっぱり仕事から帰って、ごはん食べて、はい寝て……というだけでは、足りない何かがあるのかも、と思いはじめたんです」。かといって「専業主婦になる気はない」とも。「自分の歩みが止まっちゃうのが怖い。仕事でなくてもいい、お金にならなくても、やりたいことがあれば、それに専念してみてもいいなあと思っています。今は、幸い夫がいてくれるので、すべてのバランスを模索中かな」。

保手濱さんのFacebookには、ほぼ毎日、子供たちがベッドで寝ている位置関係を撮影した写真がアップされています。時には縦と横だったり、時には川の字だったり。そのポジションの取り方がかわいくて、思わずクスッと笑ってしまう。そこには無我夢中で走り続け、やっと今、すこやかに眠るわが子を愛おしく見つめる母親のまなざしがありました。時間的にも、金銭的にも、心理的にも、「余白」ができて、どう働き、どう暮らすかを、これから考え、構築していく時期。もしかしたらここが、保手濱さんの本当のスタートラインなのかもしれません。

何ができて、何ができないか。早めに判断して託すのが、夫をイクメン化するコツ

幸都ちゃんの送り迎えはご主人の担当。「これは無理」と思ったら早めにお願いするのがコツ。

保手濱歌織さんの
かあさんマネジメント

1 モノを減らして、片づける手間と時間を減らし
育児のための心の余白をつくる

2 ゴミ箱はひとつ。バスタオルや菜箸はなし。
暮らしに必要な個数を見直してみる

3 バスルームの床には何も置かず、
バスマットは珪藻土に。掃除や洗濯の手間を
減らす方法を考え、工夫する

4 日々の食事はあれこれ作らず、
平日は粗食でいいと割り切る

5 子供のプリントはスマホでスキャンしてデータ化。
レシートは写真に撮ってアプリで家計簿を。
情報整理を徹底的にデジタル化する

6 不要な服はフリマサイト「メルカリ」に。
日用品の買い物は、送料無料の
「ヨドバシオンライン」の通販を利用。
便利なサービスは積極的に利用

いい人でいるのをやめる

誰にでもいい顔をして
自分を苦しめるより
正直になって、
ご機嫌な顔で
いるほうがずっといい

かあさんNo.

02

江口恵子さん

えぐちけいこ
インテリア&フードスタイリストとして雑誌や広告で活躍しながら、ケータリングや料理教室を主軸とした「ナチュラルフードクッキング」を主宰。東京・吉祥寺でカフェ「オリド」も営む。建築家のご主人隆典さんと12歳のはなちゃん、9歳の太一くん、6歳の照ちゃんの5人家族。

ミーティング・ミー

迷ったり、悩んだらノートを広げて
自分と相談する時間をつくります

ひとりで自分に向き合い、自分自身の中を整理することを「ミーティング・ミー」というそう。カフェなどに行ってリングノートに「今のこと」「少し先のこと」「ずっと先のこと」を書き出して、優先順位をつけたり、足りないものを考えたりと、理論的に整理する。

できないことを手放す

限られた時間の中で、本当に「やりたいこと」をやるためには、何かを「手放す」ことも必要。

「これはやらない」と決めることで、自分の時間を増やすことができます。

参観日すべてには行かない

学校開放の日の中で行ける日だけ行けばよしと割り切る。ただし子供の様子に違和感があれば必ず行く。

テレビは見ない

テレビは一切見ないという江口さん。その代わり、学びたいテーマの本をどっさり買い、読み込む。

ママ友とのランチは行かない

「お付き合い」だけのランチには参加しない。本当に気の合うママ友とはたまに出かけることも。

飲み会には行かない

仕事を持ち子供が小さな今は、飲み会に行くのは無理。自宅で時折おいしいお酒で晩酌タイムを。

「できるか」「できないか」でなく「やる」と決める

「私には無理だし」「できるかどうか自信がないし」と迷うならやらない。
「やる」と決めさえすれば、必ず力が与えられると信じています。

カフェを開く。
そう決めたら、
どうしたら実現できるか
ひとつずつ考えました

7年前に東北沢に予約制のお店をオープンしたものの、あまりうまくいかなかった。今回は、紆余曲折あったけれど、ひとつずつ問題を解決して江口さんらしい空間に。ここで料理教室も開いている。

旬の野菜をたっぷり使った手作りのデリやサンドイッチ、スイーツなどを販売。店内にはカフェスペースも。11:00〜14:00はサンドイッチや酵素玄米とお総菜、カレーなどのランチセットも。

「できないかも」ではなく、「できる」を出発点に。どうすれば「できるか」を組み立てるのが楽しい

12歳のはなちゃん、9歳の太一《たいち》くん、6歳の照《てる》ちゃん。まだまだ手がかかる3人の子供を育てながら、インテリア&フードスタイリストとして雑誌などの撮影のスタイリングを手がけ、料理教室を開き、さらに吉祥寺のショップ「オリド」を営む。そんな江口さんの姿を見て、生徒さんや友人たちは口をそろえて、「江口さんって、実は2、3人いるんじゃない?」と言うそうです。

私が知り合ったのは、まだ江口さんが独身のころで、インテリアのスタイリストとして働いていらっしゃるときでした。当時、ご自身の肌や体の不調から、食生活を玄米菜食に替えたばかり。食によって体も心も変わることを熱く語ってくれたことを覚えています。あのときから、会うたびに働き方も暮らし方もどんどん変化し、私のまわりにいる人の中で、間違いなく最も大きく自分を「更新」し続けている人だなと思います。結婚、出産を機に仕事の方向性をシフト。「子供にちゃんとしたものを食べさせたくて自分がやってきたことを、みんなにも伝えたい」と、近所のママに料理を

教えはじめました。日々のごはん作りがちょっとレベルアップするワザと何度も作りたくなるメニューを教えてくれる教室はたちまち評判になり、今では9つのコースで授業を開いています。

2年前に「実はカフェをオープンする予定なの」と聞いて、思わず「え〜！」と声をあげました。料理教室にスタイリングの仕事、そして3人の子育てと、超多忙なのを知っていたから。でも、あれよあれよという間に準備は進み、吉祥寺にカフェ「オリド」がオープンしたのです。江口さんが吟味した旬の食材で作ったお総菜は、「あと一品おかずが足りないんだけど」というときに大助かり。サツマイモや豆などを使ったやさしい甘さのスイーツは、つい食べすぎてしまいます。「『こういう食生活をすれば体がちょっとラクになるよ』ってことを、言葉ではなく、食べてもらうことで伝えられたらと思って。ここでランチを食べて、帰りがけに『ちょっと八百屋さんで野菜を買って帰ろうかな』みたいに、ご自身の『食べること』『作ること』を、見直してみるきっかけのひとつになってもらえればうれしいです」と江口さん。

「子供を3人も抱えながら、自分が好きなことを次々に実現できるのは、いったいどうしてなの？」と聞いてみました。すると、「『やる』って決めるんです」と、江口さんの答えは極めてシンプル。「子供がいる。私にはこれだけの時間しかない。でも、やりたいことがある。一見それは成立しなさそうなんだけれど、いかに成立させるか、

家族を戦力にする

子供に何かやってもらうときは、大人と同じつもりで頼むことが大切です。
最初はつたなくてもどんどんパワーアップするはず。子供の能力を伸ばすのは親の「信頼」です。

すぐマネしたい!

はなちゃんは朝食準備から夕食作りまで、なんでもOK。太一くんはご飯炊き名人。照ちゃんは、今アイロンがけにはまっているそう。照ちゃんを保育園に送るのは隆典さんの担当。

とことん考えます。そして、成立させるためには、まず『やる』と決めちゃう。子供がいる、いないに関係なく、『やれるかな、やれないかな』ではなく、『できること』を前提にして、逆算してものごとを考えていくんです」と教えてくれました。たとえば、時間がネックになってやりたいことができない場合、どうやったら自分の時間が増えるのかを考えます。今の生活を見直して、無駄な時間はないかをチェック。「子供たちにいちばん手がかかるころ、時間を捻出するために、一時期家事代行サービスを利用していました。お金で時間が買えるなら、それもひとつの手段ですよね」。

「おかあさんは、それ好きじゃないの」子供とは「本音」で付き合おうと決意

さらに、子供にかかる手間や時間も自分でマネジメント。習い事などは、いくら子供たちが「やりたい」と言っても、送り迎えに時間がかかって、それによって自分が「できない」ことが増えるなら、「待った」をかけることもあります。「そこに、あんまり罪悪感はないんです。たとえば、長女のはなが保育園に通っていたころ、バレエを習いたいと言ってきたんですが、近所のバレエ教室のスケジュールを調べたら、レッスンが水曜日の昼間と土曜日の午後でした。そこは私も夫も仕事が入っていて、送

り迎えするのがきつい。習ったはいいけれど、行ったり行かなかったりすると、逆に中途半端になるなと考えました、だから、『今はちょっと待って』と言ったんです。よく、習い事をスタートするのに『最適な年齢がある』と言いますよね。ピアノを習うなら、絶対音感がつく3歳までとか。スタートするのが早いか遅いかで大きな差が出るのならかわいそうなので、バレリーナについて調べてみたんです。そうしたら、世界的に活躍する吉田都さんなどのバレリーナも、始めたのは9歳とか10歳とか、意外と遅かった。だったら今でなくても大丈夫、と判断しました。はなには『おかあさん仕事しているし、送り迎えができないから、今は習わせてあげられない。だから、自分でスタジオに行けるようになるまで待って』って伝えました」。実は、それから3年後。小学2年生の夏休みに、友達のバレエの発表会を見に行って「やっぱりやりたい！」と言いだしたはなちゃん。もう自分でレッスンに通えるので、バレエを習いはじめました。「もう、今は彼女の頭の9割はバレエのことです（笑）」と江口さん。

こんなふうに子供たちにきちんと理屈を説明するのも、ずっと幼いころから続けてきた江口家の習慣のひとつです。「3人の子供たちがまだ言葉もわからない小さなときから、言葉で説明してきました。子供って『どうやら今は違うらしい』ってちゃんとわかるんです。そうやって感覚的にキャッチできる能力は、大人以上に高いと思いますね。かみ砕き、受け取れるようにと渡してあげると、子供たちなりの受け取り方をしてくれるのだと思います」。

そんな江口さんは、一見〝スーパー完璧かあさん〟に見えます。でも、よくよく話を聞いてみると、そこには「できないことはできないと言う」正直さがありました。実は、こんなふうに家事や育児にある程度の「ゆるさ」や「いい加減さ」を取り入れることができるようになったのは、子育てを始めてずいぶんたってからのことだったそう。助産院で長女のはなちゃんを産んだ江口さん。自然育児をはじめ、食生活にもかなりストイックにこだわっていたのだと言います。「はなが初めてアイスクリームを食べたのは4歳ぐらい。お砂糖やチョコレートはまったく食べさせませんでした。でも、あれダメ、これダメとそういうことがいっぱいでだんだん疲れてきて……。自然育児はすばらしいけれど、それに追い詰められてしまうと、どんどん苦しくなっていく。本来は、子供が丈夫で健康に育てばいいはずなのに、いつの間にかストイックに食生活を管理すること自体が目的になっていました。はなを産んで2〜3か月は本当にきつくて……。今でも覚えているんですが、おっぱいをあげていて、パッとはなと目が合ったんです。そのとき、『ああ、私はこの子には嘘はつけない』って思ったんですよね。きれいごとで子育てはできない。この子には、上っ面《つら》だけのいいおかあさん像では通じないなと直感的にわかったんです。『笑って子育てしましょう』と言われて、作り笑いをしても、子供は笑ってくれません。本当に心の底から笑わないと

お助け調味料を作る

あれも、これもと使いまわせる
調味料を作り置けば、
炒めるだけ、混ぜるだけでひと皿に。
ごはん作りの心の負担をやわらげてくれます。

甘酢

米酢…240ml
みりん…60ml
きび砂糖…90g
こんぶ…1枚
＊すべてを保存容器に
入れておく

かあさん
レシピ

鶏肉の甘酢あんかけに

38ページのしょうゆと酒で下味をつけておいた鶏もも肉に小麦粉、片栗粉をつけて油で揚げる。玉ねぎ、パプリカ、にんじんを炒めたところへ肉を加えて甘酢であえ、葛《くず》でとろみをつける。

サラダに

オリーブオイルと甘酢を1対2の割合で混ぜればドレッシングに。これでせん切りキャベツをあえるとコールスローに。ごま油にすれば中華風ドレッシングになる。

かあさん
レシピ

くるみ味噌

豆味噌…120g
くるみ…50g
白ごま…20g
きび砂糖…80g
酒…60ml
みりん…60ml

くるみと白ごまを粉砕し、ほかの材料と一緒に鍋に入れてペースト状にし火にかける。ふつふつとしてきたら弱火にしてこげないように15分ほど煮詰める。

ゆでいんげんに

袋で買ったいんげんが中途半端に残ってしまったときなどは、固めにゆでてくるみ味噌をのせて。子供たちが大好きで、あっという間になくなってしまうひと皿。

粉ふきいもに

じゃがいもを皮付きのまま、食べやすい大きさにカットして鍋に入れ、水少々を加えてやわらかくなるまで蒸し煮にする。くるみ味噌を水少々でといてから加え、全体にからめる。

夕食準備のついでに、プラスひと手間かける

夕食準備に10の力を使わず、2〜3残しておく。
そして、2〜3の力を明日のために使う。そんな配分が自分をラクにしてくれます。

肉は下味をつけて ビニール袋に

鶏もも肉2枚は、しょうゆ大さじ½、酒大さじ1で下味をつけてから、ビニール袋に1枚ずつ入れて冷蔵。みりん、はちみつ、しょうゆをからめて照り焼きなどに。

野菜は切って 保存袋に

今日の夕食にキャベツを半分使ったら、残り半分はせん切りに。レタスは一部しか使わなくてもすべて洗ってキッチンペーパーに包む。保存袋で冷蔵庫へ。

乾物は見通せる しまい方に

ごまや干し椎茸、ひじきなどの乾物類は、100円ショップで買った透明の保存容器に。フタまで透明なものを選ぶと、上から見て何が入っているか一目瞭然。

じゃがいもは、明日の分までゆでておく

今日使わなかったじゃがいもは、夕飯を食べている間にゆでておく。ここまでやっておけば、ポテトサラダにもコロッケにもすぐアレンジできて、明日がラク。

この子には通じない。そのときから、頭で描いた理想を手放すことにしました。そして子供と本音で付き合おうと思ったんです」。

今も江口さんは3人の子供たちと本音で向き合っています。「ママこれ食べる?」と子供が持ってきてくれたおやつも、食べたくなければ「今はいいわ」と言う。「おかあさんはそれが好きじゃない」とか「おかあさんは今疲れてる」などもきちんと言葉にして伝えるそう。「コミュニケーションって、いいことだけじゃないと思うんです。相手にとって嫌なことも、いかに不快に思わせずに伝えるか、ってとても大事なスキルだと思う。『違う』と言っても、それは相手を否定することではありません。子供たちにも、そんなコミュニケーション力を身につけてほしいなあと思って」。

もうひとつ、江口さんが「育てた」のがご主人との関係性です。江口家では週末パスタを作るのはご主人の隆典《たかのり》さんの仕事。そのほか、照ちゃんを保育園に送って行ったり、アイロンをかけたり、江口さんが仕事で遅くなる日は、お迎えから夕飯準備、片づけまですべてを引き受けてくれるそう。「やってほしいことは、『やって』と言う。以前は、仕事で遅くなっても『やって』と言えなくて、帰ってからバタバタ、イライラと夕飯を作ったり……。『なんで、私ばっかり!』とか『こんなにバタバタしているのに見ていてわからない?』とか思ったけれど、『言わないでもやってくれる』というのは、どうやら無理らしい、ということがわかってきたんです(笑)。彼も『僕は

『察してやる』というのは無理だし、言ってもらわないとわからないから、言葉にして』と言ってくれて」と江口さん。さらに「やって」とお願いしたら、「やってくれるだけでよし」とするのも大事なこと。「『子供たちと夕飯すませておいて』と頼んだとき、後で『どうしてファミレスなんかに連れていくの?』とか『どうしてコンビニのお弁当なの?』とムカついたこともありました（笑）。『あなたがやっていることは、私の仕事を否定することになるのよ』とまで言ったこともあります。でも、だんだん『いいよ、食べておいてくれるだけで』と折り合いをつけたり、あきらめることを学びました。昨日もね、キッチンに即席味噌汁の『あさげ』の袋が置いてあったんです。『わあ、やめてよ』と思ったけれど、『ま、いいか』と。私が仕事で家を空けられるのも、夫がいるからこそ。夫には夫の考え方があるから、できる範囲で目をつぶる。やっと『あさげでもいいよ』って言えるようになったかな（笑）」。

母も子も、互いに成長できれば毎日はどんどんラクになる

この週末、江口さんが疲れ切って寝ていたら、子供たち3人分の朝ごはんを作ってくれたのははなちゃんでした。江口家では、3歳の誕生日に包丁をプレゼントするそ

うです。小さなころから「投資だと思って」とキッチンに一緒に立ちながら料理や家事を教えてきました。「時間はかかったけれど、材料さえあればなんでも作れるようになったので、頼りになりますね。昨日は、私が仕事から帰る途中に電話がかかってきて『ママ、お昼ごはん食べた？　はな、今からペペロンチーノ作ろうと思うんだけど、ママも食べる？』って。もちろん『お願い〜』って頼みました」。

今では仕事で多少遅くなっても、パパとはなちゃんがいれば夕飯は大丈夫。こんなふうに、子供の成長とともに、子供たちが「できること」が2倍、3倍と増えてきて、その分家事はどんどんラクになり、仕事の幅を広げることができるようになりました。独身時代に知り合った江口さんが、3人の子供＝「人間」を育てる様は、時々しか会わない私にとっても、胸が熱くなるほど感動的でした。

ご自身も、ストイックにマクロビオティックを突き詰めていたころから、子供のために作り置きおかずをきちんと作っていた時期、忙しくてそれができなくなり、「明日」の準備だけをしようと切り替えた時期……と、会うたびに、状況に合わせてどんどん変化を遂《と》げていました。昨日より、ちょっと幸せな今日を過ごすために、できることはなに？と考える。母も子も、互いに「成長」することが、江口さんの究極の「かあさんマネジメント」のようでした。

江口恵子さんの
かあさんマネジメント

1 自分の中にモヤモヤが生まれたら、
ノートを広げて、思いを書き出し
「ミーティング・ミー」の時間をつくる

2 「ママ友とのランチは行かない」と決めるように
必要ないと思えば切り捨てる勇気を持つ

3 子供とは本音で付き合い、
わからないと思っても小さなうちから、
理屈で説明する

4 夫にやってほしいことは、
きちんと言葉にする

5 何通りも使いまわせる
お助け調味料を常備する

6 おかずの作り置きはせず、夕食準備のついでに、
プラスひと手間で明日の備えを

母でも妻でも

私の人生の主役は私。
責任と覚悟を持った日から
毎日が楽しくなりました。

かあさんNo.

03

りょうこさん

りょうこ

広告代理店勤務を経て、結婚。妊娠を機に専業主婦に。第二子出産後に仕事をはじめる。現在はフルタイム勤務。自営業の夫と10歳の長男、7歳の次男の4人家族。日々の家事の工夫を綴ったインスタグラムやブログが評判を呼び多くのフォロワーがいる。

専業主婦だった時期、家事も育児もエンドレスで、どこが「OK地点」なのか見えませんでした。エイッと働きはじめ、「ここまでできたら十分！」と決めたらすべてがうまく回りはじめたんです

朝は6時半起床。掃除、洗濯など「帰ってきたときに気持ちがいいように」という朝の家事のルーティンを終え、8時すぎに出勤。今通っている会社は、自宅から車で15分ほど。通勤時間も仕事を選ぶ大事なポイントだった。

何も考えなくても手が動く。

それが、ルーティンということ

朝は1階のリビングダイニングだけハンディクリーナーをかける。毎朝やることが決まっているので、いちいち「あれとこれをやって」と考えなくても、「決まったことをやる」だけで部屋中すっきり。

りょうこさんのルーティン

気持ちよく過ごすために必要なことをリストアップし、「いつやるか」に分類。
考えなくても、淡々とこなせばすっきり！のプロセスを作りました。

週末のルーティン

・食器棚の拭き掃除
・冷蔵庫の上＆まわり、換気扇の拭き掃除
・シーツや綿毛布の洗濯（夫担当）
・布団乾燥機で布団のダニ退治＆クリーナーがけ（夫担当）
・家具、照明の傘にハンディモップがけ＆水拭き
・念入りに掃除機がけ
・床や階段にぞうきんがけ
・お風呂（夫担当）、トイレを念入り掃除
・洗面台＆鏡磨き
・2階の掃除機がけ
・常備菜の仕込み
・ホームベーカリーでパンを1.5斤×2本焼く
・ヨーグルトメーカーの仕込み

月末のルーティン

・掃除機のフィルター洗浄
・空気清浄機＆ヒーターやエアコンのフィルター掃除
・お風呂の除菌（夫担当）
・洗面所、バスルームの換気扇掃除（夫担当）
・玄関ドア内外やインターホンまわりの拭き掃除
・食器の水切りかごの念入り磨き＆除菌

朝のルーティン

・部屋の空気の入れ替え
・花の水換え
・お弁当作り
・朝食作り
・洗い物（食器類片づけ）
・コンロ、シンク、調理台の拭き掃除
・ささっと1階の掃除機がけ
・ギャッベとソファに軽く布団クリーナーがけ
・子供布団に布団クリーナーをかけて布団あげ（夫担当）
・洗濯物干し（夫担当）

夜のルーティン

・エントランスまわりの掃き掃除
・夕飯作り
・夕飯の洗い物（夫担当）
・コンロ、シンク、調理台の拭き掃除（五徳も）
・洗いカゴ磨き
・部屋の片づけ

家事をすべて「見える化」して並べ直す
それがルーティンワークということ

朝起きたら、窓を開ける↓お弁当や朝食作り↓ガスコンロ、シンク、調理台をさっと拭く↓1階だけ「マキタ」のハンディクリーナーで掃除↓アトピー対策のために布団クリーナーをかける↓洗濯。ここまでが、りょうこさんが毎朝必ずするというルーティンワークです。このほか、夜には夜のルーティンが、さらに、週末、月末と、すべてやることが決まっているのだとか。

そう聞いて、うわあ、すごい！　きっと完璧主義の人に違いない！と思いながら、福岡市の郊外にあるお宅を訪ねました。出迎えてくれた10歳、7歳のふたりの男の子たちは、襟付きのシャツをきちんと着込み「こんにちは！」とさわやかなこと！　部屋の中は思っていた通り、すっきりと片づいて、隅々までピカピカです。でも、お話を聞くうちに、どうやらりょうこさんの目的は「完璧に家事をする」ことではないのだとわかってきました。

「よく、一日中掃除しているかのように思われるんですが、ひとつひとつの作業は1分か2分しかかからないことばっかりなんです(笑)。ただ、それが苦にならない流れを作っているだけ。ルーティンにすると、『あれしなくちゃ』『これしなくちゃ』と考えなくても、体が勝手に動くようになるんですよ」。そう、りょうこさんのルーティンは、「〇〇しなくちゃ」と心のどこかでずっと思い続けるモヤモヤや、「あ〜あ、やっぱりできなかった」というイライラなど、目に見えないところにある家事のストレスをすべて「見える化」し、それを分解して、やりやすいようにつなぎ合わせ、1日24時間という限られた時間の中に組み込む、という作業なのです。一度作り上げてやってみて、違和感があれば手直しする。そんな作業を経て、スムーズな「流れ」を生み出せば、あとは目をつぶってでもできる「ルーティン」が生まれるというわけ。

「さっさとやれば終わることを、いちいち『あ〜、やりたくないな〜』と思っていると、それだけで疲れちゃうでしょう？　淡々とできるやり方を作ろうと思ったんです」。

とは言っても、最初からうまくいったわけではありません。今は、フルタイムで働き、仕事と家事のベストバランスを保っているりょうこさんですが、妊娠を機に仕事を辞めて専業主婦になったとたんに「モヤモヤ期」に陥ってしまったそうです。実は、長男は、生まれたときからアトピー性皮膚炎だったうえに食物アレルギーもあり、お世話をしながら家事をこなすことが、それは大変だったそう。

「専業主婦で時間はたっぷりあるはずなのに、うまく家事がまわらなくて。家事って、どこまでで『完成』なのか、答えがありませんよね。『もっともっと』と完璧を求め、

無理して完璧を目指したって、毎日が楽しくなるわけじゃない

そう気づいたときから、自分がご機嫌でいられる方法を考えるようになりました

集中して家事を終え、1日の中に自分のための時間を生み出す。仕事と家事、育児を両立しながらも、がんばるだけでなく、「楽しむ」「味わう」時間をつくることが何より大事。

無理してまではしないこと

「ここまではやらなくてもいい」と割り切って、手放すことも大事なこと。「しない」と決めることで、「やる」と決めたことがスムーズにまわり出します。

おやつまで手作りしない

「手作りおやつを用意するのがいいおかあさん」という神話にとらわれない。市販のお菓子でおやつタイムを。

出汁はとらない

無理してイライラしながら素材から出汁をとって作るよりおいしい出汁パックを使って笑顔で食べるほうがいい。

ガーデニングに凝りすぎない

花を植えたりがんばった時期もあったけれど、そこまで手がまわらず、今はきれいに整える程度に。

ミシンに向かうことをやめる

「あるとき、あれ？　私そこまで手作り好きじゃないかも、と気づいたんです」と笑うりょうこさん。

でも思うように動けなくて自己嫌悪に陥ってという悪循環。一日中子供とふたりで家の中で過ごしていると、逃げ道がないんです。夫に対しても不満がつのって、文句ばかり言っていました。ああ、私は毎日毎日同じことを繰り返して、このまま死んでいくのかなぁなんて思っていましたね」。

そんな生活ががらりと変わったのは、次男が生まれてから。

「下の子も同じようにアレルギーとアトピーがあったんですが、不思議なもので、『おう、おまえもか』って思えたんです（笑）。上の子でひと通り経験しているし、『知ってる、知ってる、大丈夫』って思いました。お兄ちゃんも、1歳ちょっと過ぎたころから肌もきれいになってきて、成長すれば治る、ということがわかったからかもしれません。私、どこかでずっと罪悪感があったんです。アレルギーを持った子に産んでしまったとか、どうして私の子が……とか。でも、下の子を産んだとき、『あ、私のせいじゃなかったんだ』って自然に思えて、なんだかすっきりしたんです」。

子供がふたりになったことで、暮らしも心もバランスが取れるようになってきました。そして、次男が1歳になるタイミングで「これなら保育園に預けられそう」と、パートタイムで働きはじめることに。いきなりフルタイムは無理なので、最初は4時間だけの病院の秘書の仕事からスタートしました。「4時間だけでも、子供を預けると、『私』という個人を取り戻したような気持ちでした。結婚しているとか、子供がふたりいるとか、そんなこと全然知らない人たちの間で働く。そのことで、すごく自信がついたし、家にこもっていたときとは比べものにならないほどの刺激をもらいました。そうすると、家でも機嫌よくいられるという好循環が生まれたんです」。

1日を100％使い切らないのが自分を潤すためのコツ

ただし、暮らしが一番、仕事は二番、という優先順位は必須です。仕事を探すときにも、通勤時間は20分以内、など仕事選びの条件を決めました。仕事そのもののやりがいというよりも、無理せず朝夕に家事をこなし、子供たちやご主人と過ごす時間も確保でき、もしも子供たちが病気になったらすぐに対応できるほうが大事。「仕事から帰ってバタバタご飯を作り、疲れ果てて子供と一緒にバタンと眠る。そんな働き方にはならないように。欲張ったら、きっとできないことが出てきて、モヤモヤしますから」。すべてを100点満点にするよりも、70点、60点、とやや低めのゴールを設定し、1日を100％使い切らないようにする。それがりょうこさんの「かあさんマネジメント」の基本でした。私たちはつい、「もうちょっとがんばれる」と欲張りになり、自分の持ち時間以上の「やるべきこと」を1日に詰め込んで、自分を消耗させてしまいます。でも、りょうこさんのマネジメント術ではいつも、10％か20％の「おつり」を残しておくのです。そうすれば、こっちでオーバーした時間をカバーするという、フレキシビリティが生まれ、さらには、子供の話に耳を傾けたり、ご主人と「夜のおやつタイム」を過ごしたりと、「おつり」の時間で自分を潤すことができる……。

仕事をはじめたことで、いちばん変わったのは、家での時間に「リミット」ができたことでした。時間が限られているからこそ、「ここまでやればＯＫ」と自分の中で〝終わり〟を決めることができます。「『10分で終わらせなくちゃ』と思うから集中力もアップしましたね。専業主婦のときより、ずっと時間の使い方がうまくなったんです」とりょうこさん。

その上で、47ページで紹介した「ルーティン」を考えました。

「『次に何をするんだっけ？』とか『あ、あれするの忘れてた！』と考えたり、後悔する時間をゼロにしたいと思ったんです」とりょうこさん。まずは、やるべきことを考え、それを朝出かける前、夜帰ってきた後に割り振り、平日のルーティンを決めます。さらに、「食器棚は、毎日拭く必要はないけれど、2週間ぐらいたつとホコリがたまってくる。だったら、土日にしよう」と週末のルーティンを。「キッチンのスポンジと歯ブラシは1か月に1度は替えたいな」と月末のルーティンを……といった具合です。

家事の効率化をはかる

家中の「きれい」をキープするためには、「ダメダメな状態の私」でも続けられる方法を考えるのがコツ。

ぞうきんではなくウエスを使い捨てにするなど、手間を省き効率化させました。

カットしたタオルを使い捨てに

キッチンの引き出しに、不要になったタオルをカットしたウエスをスタンバイ。

キッチンペーパーで拭き掃除

手垢などの汚れは、エチルアルコール＋キッチンペーパーで。これは週末のルーティン。

バスタオルは使わない

家中のタオルのサイズは1種類だけ。バスタオルをやめて、体を拭くのもこれで。洗濯してもすぐ乾き、たたんで重ねるだけでピシッ。

汚れが軽いうちに取り組む

汚れが軽いうちに掃除する→手間も時間もかからない→掃除のハードルが下がる→ストレスなくラクに続けられる。これが、りょうこさんのルーティン掃除です。

ダイニングのダウンライトのカサは、週末に「無印良品」のハンディモップでほこりを落とす。

意外に見落としがちなのが、レンジフードのこの部分。ここも週末に使い捨てのウエスで水拭きを。

靴箱に砂がたまるので、ここは月に1度靴を動かしながら「無印良品」のブラシで掃き掃除。

「無印良品」のオープン棚を食器棚にしているので、週に1度は1段ずつ器を出して拭き掃除。

何かをあきらめない人生を

週末には食材の買い出しに出かけ、6～7種類の常備菜を作っておきます。たとえば、ある週末なら、具だくさん豚汁、大根とひき肉のしょうが煮、レンコンと豚ひき肉のカレーきんぴら、蒸しブロッコリー、鶏そぼろ煮といった具合。これさえあれば、時間に余裕のない朝でも、ササッとバランスがとれた朝食を準備できます。「冷蔵庫にあれとあれがある、と思うだけで、ごはん作りが億劫《おっくう》でなくなるのがいちばんですね」とりょうこさん。夕食後の皿洗いはご主人の仕事です。無理をして、ひとりですべてをまわそうとしないこと。これも、りょうこさんのマネジメントの大事なポイント。ご主人は3年前に会社を退職し、自営業になってから、掃除や朝食準備など積極的にするようになりました。

「たとえば、子供たちには、『ママは8時半から5時15分まで働いて、帰ってきてからすぐご飯を作るんだよ。そのあと9時ぐらいからは、好きなことをしたいのに、手伝ってくれなかったら、9時からまた洗い物をしなくちゃいけない。それっておかしくない？』って話します。そうすると、『確かに』と言って手伝ってくれるんです」。子供だから、母親だから、という役割を超えて、人と人としてきちんと説明し、理解してもらう。これも、お母さんがラクになるためには有効な手段のよう。

　こうして、家事と仕事のバランスをとりながら、5年前にはフルタイムで仕事をするようになりました。もちろん、ルーティンで決めていたことが、できなくなることもあります。「そんなときは、無理せず、とっととパスすることにしています（笑）。ちゃんとやっている〝いつも〟があるからこそ『いつもの自分』が『しんどいときの自分』を支えてくれると思っています。大事なのは、『今日はやる』『今日は体調が悪いからやめる』と、自分がどっちにいるかをはっきりさせること。『やらなくちゃいけないのにできない』というどっちつかずが、いちばん自分を消耗させますから」。

　最後に「子供がいるから、という理由であきらめたことはありますか？」と聞いてみました。すると「私、欲張りだから、あきらめたくないんです」とりょうこさん。「あきらめて、仕方がないから過ごしているっていう毎日じゃなくて、本当にやりたかったらやる、という自分でいたい。私はバリバリ働いて無理をするより、家族と一緒にいられるほうが楽しいから今の働き方を自分で選びました。だから誰かをうらやましいと思うこともないし、できない自分を必要以上に卑下しない。状況によって決められてしまう人生じゃなく、自分で決めたことをしていける自分でいたいですね」。

　りょうこさんの「かあさんマネジメント」は、人生の舵《かじ》は自分で握っている、と自覚をするための術《すべ》なのかもしれません。

〝ガミガミかあさん〟にできるだけならないようにしくみを作ってみました

「宿題した？」「片づけた？」と毎日同じことをガミガミ言わないでいいように、子供たちがやるべきことをリストアップ。「がんばりポイントシート」を作りました。

宿題や、お手伝い、学校の準備など、毎日やることを表にして、やり終わったら自分で丸をつけ、全部完成したらゲームができる、というしくみ。

夫婦の夜のおやつタイムは自分へのごほうび

毎晩子供たちが寝た後に、好きなケーキを準備して、夫婦でいろんなおしゃべりを楽しみながら過ごす。

子供たち自身で自分がやらなくてはいけないことを把握することが大事。

りょうこさんの
かあさんマネジメント

1 朝、夕方、週末、月末とやるべきことを決め
考えずに手が動くようすべての家事を
ルーティン化する

2 「もっともっと」と欲張らず
「ここまでできればOK」とゴールを決める

3 出汁はとらない。おやつは手作りしない。
無理なことはどんどん手放す

4 家庭が一番、仕事は二番。
家のことを手がける余力が残るよう
疲れがたまらない働き方を選ぶ

5 ぞうきんは使わず、ウエスを使い捨てに。
手間や時間がかからないラクな方法を選ぶ

6 無理してひとりでやろうとせず、
夫や子供たちなど、
家族の手伝いを家事に組み込む

子育ては一緒に生きること

オープンキッチンには、学校から帰ってきた子供たちが自然に集まる。おいしく食べることが、コミュニケーションの中心に。バルーンのシャンデリアはナホさんの作品。

かあさんNo.
04

イイノナホさん

いいのなほ

ガラス作家。武蔵野美術大学彫刻学科卒業後、東京ガラス工芸研究所日曜講座でガラスを学びはじめる。シアトルのグラススクールで学ぶ。㈱ＯＯＬ設立。現在は国内外で活躍。写真家の夫と、16歳、15歳、12歳の娘の5人家族。

子供たちに経験をプレゼントする

夏休みに
カンボジアの
ボランティアへ。
初めての
ひとり旅が
将来への
体力になる

夏休みにカンボジアのボランティアへ行ったふたり。長女の桜ちゃんは、バティックのドレスを、次女の晴ちゃんはサンダルを、自分へのおみやげに買ってきたそう。

洗濯は子供たちで

おかあさんが
当たり前に
やっていることを
自分でやってみたら
初めてわかることが
たくさんある

洗面所に3つのかごを常備しておき、洗濯物はここへ。朝、それぞれ自分のかごの分を自分で洗濯し、干すところまでやってから学校へ行くというしくみに。

親が育てるのでなく、自分で何かを育める人に

ガラス作家として活躍しながら、3人姉妹のおかあさんでもあるイイノナホさん。卵型のガラスの中に、四つ葉のクローバーが浮いているように閉じ込められたペーパーウエイトを、どこかで見たことがある人もきっと多いはず。そのほか、蝶の羽や人形などのモチーフがフタになったガラスびんや、美しい色合いのフラワーベース、色とりどりのバルーンがひとかたまりになったシャンデリアなど、その作品は、どこからか物語が聞こえてきそうで、一度目にすると忘れられなくなります。イイノさんご自身も、少女のようでふんわりとやさしく、初めて3人の娘さんがいると知ったときは、ずいぶん驚きました。長女の桜《さくら》ちゃんは16歳、次女晴《はる》ちゃんは15歳。三女葉《よう》ちゃんは12歳になります。

今回ご自宅を訪ねると、そんなイイノさんが「学校の先生から呼び出されて、夕方から行かなくちゃいけないんです。うちのわがまま娘が、また何かやらかしたみたい。もう、どうしてこうなのかしら?と途方にくれます。最近、ますます、子育てっていったい何が正解なのかわからなくなっちゃって」とずいぶんご立腹のよう。3人が高

校生、中学生になった今、幼かったころとはまた少し違う悩みが出てきました。

「幼いころから子供に寄り添って、比較的深く関わりながら育ててきたと思っています。だから、基本的な信頼関係はできているかな。娘たちは、三人三様で性格もまったく違います。長女は優等生で完璧主義。遅刻は絶対しないタイプですね。次女はマイペースで、三女は悪ガキ！（笑）。3人とも、まったく言うことをききません。怒ってみたり、じっくり話して聞かせたり。思いつくことをあれこれやってきたのですが意に介さず（笑）。そんな中で、最近わかってきたのは、自分がどんな人になりたいか、ということに気づかない限り、親が何を言おうが子供自身は変わらないってことですね。小さいときから、私はつい手を差し伸べすぎてきたかなあと思います。もしかしたら、つつがなく毎日を過ごすことより、「失敗」することのほうが大事だったかな。「失敗」からのほうが、人は学ぶことが多いから……。ひとりの人間として自立させる、というのが子育ての最終目的だなあと考えるようになりました」。

子供へのプレゼントは「経験」

もうすっかりナホさんより背が高くなった3人の娘たちに、「片づけなさい」「早く

手抜きでもちゃんと盛りつける

ソーセージを焼いただけ。
簡単な料理ほど盛りつけを美しく

すぐマネしたい!

買ってきたビッグサイズのソーセージを鉄のフライパンでじっくり焼いて。せん切りキャベツとクレソンとともに盛りつけた。大きめの皿で、まわりに「間」を作るのが、ゴージャスに見せるコツ。

焼きっぱなしで豪快に

豚肩ロース肉に塩をしてラップで包んで一晩おく。フェンネル、セージ、黒こしょうをすり込み、110度のオーブンで50分焼く。取り出してアルミホイルに包み、余熱で熱を通す。かぼちゃのポタージュスープを添えて。

フタ付きなら豪華に見える

納豆やほうれん草のごまあえ、アボカド、山芋、きゅうり、おしんこなどを細かくカットして「のっけただけ丼」に。朱塗りのフタ付き椀《わん》を使い、食卓で「フタを開ける」という作業があると、スペシャル感が生まれる。

帰宅時間がバラバラだから、夕食はバイキング形式で

この日のおかずは、左上からサラダ（トッピングには、ちりめんじゃこのしょうゆ炒めを）、チキンときのこの炒めもの、だし巻き卵、豚そぼろ、筑前《ちくぜん》煮。ご飯と味噌汁を用意しておき、おかずはここから好きなものを取って食べるスタイルに。

休みの日はお弁当で、食事の支度から解放される

週末、子供たちの昼ごはんの心配をしないでいいように、朝3人分のお弁当を作っておくと、外出もできてラク。木製漆器専門「漆木屋」のお弁当箱はフタの裏に姉妹それぞれの名前を入れてもらった。

時にはトンカツを買いに行く

忙しくて夕食が作れない日は、近所のおいしいお肉屋さんにトンカツを買いに行く。その場で揚げてもらえるので、熱々を持ち帰り、ご飯、味噌汁、せん切りキャベツだけを用意して夕飯に。

すぐマネしたい!

フレンチトーストは卵液につけたまま冷凍

「これ、忙しいおかあさんたちにぜひおすすめしたい」とイイノさん。牛乳、砂糖を加えた卵液の中に、厚切りのパンを浸し、そのまま密閉袋に入れて冷凍。これをそのまま焼けば、たちまちフレンチトーストが完成!

ごはん食べちゃいなさい」など、毎日叱ったり、文句を言ったりしながらも、深い愛情を注いできたことが、お話を聞いているとしみじみと伝わってきます。これまでイノさんは、子供たちにさまざまな「経験」をプレゼントしてきたそうです。たとえば、長女の桜ちゃん、次女の晴ちゃんは、それぞれが中学2年生の夏休みに、カンボジアへボランティアに送り出したそう。「家にいれば、朝起きたらごはんが出てくるのが当たり前。でも、世界にはそうじゃない環境の中で生きている人だっている。それを見るだけでもいいことかなと思って。実はね、最初はあまりにもだらしがないから、夏休みの間、お寺に修行にでも出そうかと考えたんです(笑)。インターネットで「寺」「中学生」って検索したら、カンボジアの海外ボランティアというのが出てきた! これはいいかもと思ったんです。さっそく話してみたら『行きたい〜!』って。やっぱりこの経験はとてもよかったようで、桜は帰ってきてから、海外に携わる仕事とか、英語を使う仕事がしたい、と言うようになりました。国際関係の仕事につきたい、という漠然とした目標ができて、じゃあ、語学を勉強できる大学を目指そうと決めたみたいです」

日々の中でも小さな「経験」を手渡しします。たとえば洗濯は3つの洗濯かごにそれぞれの汚れ物を入れて、週2回、自分たちで洗濯します。「以前は洗濯し、干して、たたんで、しまってと全部私がやっていました。5人分ですからすごい量ですよ。それがどれだけ大変か、自分でやってみないとわからないと思って。タオルだけは私が洗います。バスタオルだって毎日5枚ありますから！」とイイノさん。

やりたいことがあったから子育てのつらさを乗り越えられた

まだ3人が幼いころは、「記憶がない」というぐらい大変だったそうです。「初めて出産し、退院して自宅に帰ってきたとき、『えっと、これからどうしたらいいんだっけ』と自分の腕の中にいる桜を見て、呆然《ぼうぜん》としたのを覚えています（笑）。しかも、次女の晴を年子で産んだからより大変に！　両方のおっぱいに娘ふたり。つらかったなあ。あのころ、育児ノイローゼの一歩手前だったと思います。なのに、まわりのおかあさんたちを見ると、フワフワした赤ちゃんを抱いて楽しそうだし……。どうして私にはできないのかな?と落ち込みました。自分の時間が1分もないというストレスと、寝てくれないなど思い通りにならない不甲斐《ふがい》なさと……」。さらに三女・葉ちゃんの妊娠時は、子宮口が開いてしまったのでシロッカー手術を受け、出産まで6か月間ぐらい家から一歩も出られない状態だったそう。2人のお姉ちゃんたちの保育園の送り迎えはお母様に頼みました。「自転車の後ろと前に桜と晴をのせて行き来する母の姿が近所でも話題になっていたみたいです。おかあさんなの？　おばあさんなの？って」と笑うイイノさん。

桜ちゃんが1歳になったころから保育園に預け、ガラスの作品作りを再開しました。「美術大学では彫刻を専攻し、吹きガラスをはじめたのは25歳のとき。だからスタートは遅いんです」とイイノさん。ガラスという素材に出会ったものの最初はガラス作家になるつもりはなかったそう。3年ほど通ったのち、もう少し深く知りたくて、アメリカのガラスサマースクールへ参加しました。「あのときの体験が今の私をつくった、と言ってもいいほど楽しかったんです。当時日本では、ガラスというと職人さんの仕事で、「見て覚えろ」という風潮があり、道具をどこで手に入れるかさえ教えてくれませんでした。ところがアメリカに行ったら、みんなすごくオープンで、なんでも教えてくれるんです。『みんなでよくなろう』っていう意識が高いんですよね。私が『こんなものを作りたい』って言うと、『じゃあ、こうやろう』『ああしてみよう』とワイワイ教えてくれるし、『ビューティフル！』ってほめてくれるし。日本とは違って、アメリカのガラスは鮮やかな色を使うことが多いので、それも勉強になりました。何を作っても『ナホの作品はすごく日本的だね』と言われてびっくりしましたね。ひょっとしたら私の中には、日本人らしいアイデンティティがあるのかな？　自分にしか出せないものがあるのかな？と思ったんです」。

帰国後1年間は、ガラスを作ることに集中するためにアルバイトをし、作品を作りためて、下北沢の小さなギャラリーで個展を開催。一見おっとりしているように見えるイイノさんの集中力とガッツに驚かされます。「まだまだ下手だったんですが、いろんな人が見に来てくれました」とイイノさん。その中に「ビームス」のバイヤーがいて、新宿店オープンのために、「壁面いっぱいの棚に飾るガラス作品を」とオーダーしてくれたのだといいます。

こうして、ガラス作家として第一歩を踏み出したのとほぼ同時期に最初の結婚をして出産をし、初めての子育てに戸惑いながら、制作を再開したというわけです。「やっぱり私は、作るということをやめられなかった。あのころ、まだアトリエを持っていなくて、レンタル工房へ桜をおんぶしてガラスを吹きに行ったなあ。自宅では、膝に抱きながらガラスを削ったり」。こうして吉祥寺のギャラリーフェブで2回目の個展を。「搬入に行くのに、友達に手伝ってもらいました。その帰りに、吉祥寺で夜ごはんを食べたんですよね。子供を産んで初めての子供抜きの夜の外食でした。『あれ、私、何年間外で友人とごはん食べていなかっただろう?』ととても感慨深かったことを覚えています」と語ります。

仕事は休まない

自宅の敷地内に工房を構え、朝9時すぎに出勤。毎日ここで作業をする。グラスやフラワーベースなど用途のあるものから、オブジェまで作品は多岐にわたる。一昨年よりナホさんがデザインを手がけて制作するプロダクトブランド「OOL」を立ち上げ、オンラインショップでも販売している。http://shop.ool.co.jp

作ることが好きだから
子供を産んでも
仕事を手放すことはありませんでした。
仕事は、私が私でいるために
なくてはならないものだと思います

おいしく食べることがいちばん大事

子育てをしながら、ガラス作家としての歩みも止めなかったイイノさん。どんなに忙しくても、大変でも、ずっと変わらないのが、日々のごはんをおいしく食べるということでした。「今日は、朝からパンケーキを15枚焼きました。5人家族だからひとり3枚食べると、15枚でしょう?」と涼しい顔。朝食は、パンだったり、パンケーキや手作りのグラノーラだったり、ご飯とお味噌汁だったりと、毎日メニューが替わるそうです。夕食作りは、夕方6時すぎから。自宅の敷地内にある工房で仕事を終えると、自宅へ戻りキッチンに立ちます。最近では、塾だったり、部活だったりと、3人の娘さんたちそれぞれが忙しいので、みんなそろって食べるのが難しくなってきました。「大皿でおかずを並べておいて、バイキングみたいにそれぞれが、食べられる時間に食べるスタイルが多いかな」。

朝食も夕食も、その食卓の、豊かなこと!「簡単なものばかりですよ」と笑いますが、そこには、手間をかけずにごちそうに見せる、イイノさんならではの「しかけ」がありました。買ってきたソーセージを焼いただけでも、大きめのお皿にサラダと一緒にきちんと盛りつければ、まるでレストランのひと皿のよう。ひじきを煮たり、ナスと油揚げを炒めたり、ササッと作るおかずも大皿でど～んと出せば、迫力があってごちそうに見えます。準備が整って「うわ～！」と歓声があがればこっちのもの。どんなにご機嫌ななめでも、笑顔の食事タイムがはじまります。

「子育てで、いちばんおもしろいのは、すごく身近に別の人生を歩いている人がいるってことかな」と語るイイノさん。姉妹それぞれの個性を認めながら、さまざまな経験を共有し、何かが芽生えるのを待ち、育まれていく過程を後押しする。イイノさんのかあさんマネジメントは、子供とともに、何かを知り、学び、自らも成長し、「一緒に生きていく」ことそのもののようでした。

イイノナホさんの
かあさんマネジメント

1 どんな人間になりたいか、子供が
自分で気づくのを後押しする

2 子育てとは別の、自分だけの柱を持つ

3 今、ここにある世界は当たり前ではない。
そう気づくための「経験」を子供にプレゼントする

4 夕食の時間がバラバラになるときにはおかずの
バイキングスタイルに

5 どんなに簡単料理でも美しく盛りつけて
食卓をドレスアップする

6 子供たちの人生の横を歩きながらそれを
追体験する

今しかない、子供の言葉を大切に

「忙しいからちょっと待って」を飲み込んで子供の話を聞いてあげる。たったそれだけがいちばん大事

かあさん No.

05

宮崎優子さん

みやざきゆうこ

アートギャラリーなどの勤務を経て、ご主人の哲さんとともに渡米。ニューヨークで暮らす。帰国後哲さんは設計事務所を立ち上げ、優子さんはサンフランシスコに本社があるインテリアデザイン事務所の日本の代理人として働きはじめる。5歳の遥ちゃん、2歳の櫂くんと4人家族。

プププッと笑っちゃう間違いの中には、子供ならではの理解の回路が含まれている

「ぷ」というひらがなを間違えて書いた遥ちゃんの文字にプッと吹き出して笑いながらも、今しかない宝物として大切に保管している。「作って」を「くつって」、「ゆで卵」を「ゆめたかぼ」など、櫂くんの言い間違いも癒しの時間。

朝起きてから段取りとやるべきことを1枚のメモにまとめる。最短でできる順番をここで決めれば1日がスムーズに

段取りを考えるのも、仕事をするのもダイニングで。早朝、家族が起きてくる前に、やらなければいけないことを見直して、段取りを組み立てるのは、大事な「かあさんマネジメント」の時間。

すぐマネしたい！

大きめの付箋にその日やらなくてはいけないことを書き出す。仕事の段取りはパソコンに、家事や育児の段取りは財布に貼っておくと、1日のうちに何度も見ながらチェックできる。

1週間に1度、
妻でも母でもなくなる時間を過ごす

美術館に行ったり、友達とランチをしたり。自分を甘やかし、刺激や情報をインプット。

仕事は週4日と決め、平日残った1日を自分だけのために使う。おいしいものを食べたり、他ジャンルで活躍している友人たちと話をしたり。「仕事や子供の世話だけで日々が終わらないように自分を大事にしてあげる大切な日です」と優子さん。

「母と子の会」に参加

キラキラ輝いているママ友たちの姿に触れることが刺激になります。

友達が誘ってくれた「母と子の会」は、いろいろな職業のママたちが集まる楽しい機会。料理上手な人が多く、料理を持ち寄ってのしつらえの美しさも刺激に。子育てや家事の悩み、夫への不満などを吐き出せるのもいいところ。

「なんとなく」暮らすより、「こんなふうに暮らしたい」という意思が日々の力に

初めて宮崎さん宅を訪ねた日、スマートフォンのグーグルマップを見ながら、何度も同じ道をグルグル回っていました。確かにこのあたりのはずなのに、それらしき家が見当たらない……。「もしかして、ここ?」とやっと見つけたのは、間口が狭く奥へと細長く続く路地でした。都心のわずか22坪の旗竿地《はたざおち》が、2年前に宮崎さん夫妻が、新居を建てるために選んだ土地です。「今は子育て中心の生活。だったら、郊外の広い家よりも、狭くても都心の利便性がいい場所をと考えたんです」と宮崎さん。

幸いご主人の哲《さとし》さんは設計事務所を営むプロ。変形の土地を逆に生かし、長いアプローチを通った奥に、3階建ての一軒家を建てました。窓を大きく取り、部屋数を減らしたので、広々としたリビングは光と風が回って気持ちいいこと!

朝5時半、ダイニングテーブルに座ってその日のスケジュールをチェックし、やらなくてはいけないことを付箋にメモすることから、宮崎さんの1日ははじまります。「優先順位を把握できるだけでなく、あそこで買い物をしたついでに、お医者さんに

寄って子供たちの塗り薬をもらって……と最短で目的をすますことができるよう、段取りを決めることで、1日の流れがぐんとスムーズになるんです」。

小さな子供を抱えながら仕事を持ち、時間に追われながら毎日を過ごしていると、どうしても「ま、いいか」と何かをあきらめがちです。そこをぐっと踏ん張って、掃除や料理に手をかける。そんな力はいったいどこから生まれてくるのでしょう?

宮崎さんと話していると、「こうしたい」がとてもリアルに伝わってきます。子供には、安全な食材で料理したものを食べさせたいから、ドレッシングや手作りダレを常備しておき、切っただけ、蒸しただけでもおいしく食べられる工夫をする。ピリッと辛口の大人っぽい部屋作りをしたいから、飾る雑貨は黒を基調にクールにそろえ、それを美しく見せたいから掃除をする……といった具合。こんな空間で暮らしたい。こんなふうに家族でおいしく食べたい。子供たちとこんな時間を過ごしたい。人は、リアルに理想を描くことで、それに見合った「実現力」を手にできるような気がします。漠然とぼんやり思い描いた理想は、「あ〜あ、できなかった」で終わってしまうけれど、ディテールまでリアルに想像し、「こう過ごしたい」と願ったことは、「よ〜し、あそこを目指して!」と自分の伸びしろを伸ばしてくれるのかもしれません。

さらにそこには必ず「主人公」である自分がいます。「きれいな部屋で過ごしたい」と願うのは「私自身」。もちろん家族のためではあるけれど、「私がそうしたいから」

「きれい」のシステムをつくる

子育てや仕事でどんなに忙しくても、1日の汚れやごちゃつきをリセット。
「きれい」をキープするのは、何よりも自分がすがすがしく、気持ちよく過ごすため。

夜そうじ

ぞうきんをぎゅっと絞ってリビングのみ床の拭き掃除を。

「手で拭くのがいちばんきれいになるんです」。

朝そうじ

子供を送り出した後、仕事に出かける前に、ハンディクリーナーでざっとリビングまわりの掃除を。

排水口のフタは食洗機で洗う

「ヌメヌメするのが苦手で」と優子さん。排水口のフタも、毎日食器と同じように食洗機で洗う。

シンクはクレンザーで磨く

水あかや汚れがつかないように、シンクは毎日クレンザーで洗う。傷もつかずにピカピカに。

リビングのソファは、ちょうどいいサイズのものが見つからず、自分たちでデザインしてオーダーで作ってもらったそう。ディスプレイテクはさすがプロ!

ダイニングテーブルは「ザ・コンランショップ」で。子供がいるからと甘くなりすぎない、男っぽいクールなインテリアに。食卓には花やグリーンを欠かさない。

夫の手を借りる

保育園の送り迎えや、お風呂掃除、子供との入浴はご主人担当。子育ての悩みもふたりで分け合って。

という自覚があってこそ、疲れていても、時間がなくても「踏ん張る」ことができる。「暮らすこと」に対する欲張り度が高い。それが、宮崎さんの素敵なライフスタイルを支える底力となっているようでした。

子供を保育園に預けることに後ろめたさを感じたあのころ

サンフランシスコに本社を置くインテリアデザイン事務所の日本の代理人として働く宮崎さん。出産後、バリバリ働けるようになったのは昨年末ぐらいから。2度の出産を経て、時には「もう仕事を辞めようか」と悩みながら、ペースダウンして細々と働き続け、やっと仕事と暮らしのバランスが整ってきたばかりです。てっきり「仕事がしたいのに、小さな子供がいるから思うようにできない」と悩まれたのかと思いきや……。「いえいえ、その反対。娘を保育園に預ける、ということにすごく抵抗があったんです」と聞いてびっくり。

今は、家でできる仕事は家でこなし、資料が必要なときや、電話でアポイントをたくさんとらなくてはいけないときだけオフィスに出かけるという、フレキシブルなスタイルで働いています。「長女の遥《はるか》を産んで仕事復帰した際、仕事量をうんと少なくしてもらったんです。これからどんな形で働こうかと、あれこれ考えました。そんなとき、社長から『すぐには無理でも、将来的には週4日ぐらいのペースで仕事をし、もし忙しくて時間が足りなかったら、残りの1日を予備日に当てて週5日働けばいいんじゃない？』と提案していただいたんです。確かにそうだなあと思って」。

ところが、いざ保育園に預けようとすると迷いが生じました。「子供が0歳のときに、自分じゃない人と一緒に過ごす時間のほうが長いって、どうなんだろう？と悩んでしまって。でも、仕事をしない、という選択はなかったんです。どこかで社会とつながっていたかった。まわりで仕事を辞めたという友達の様子を見ていて、子育てだけの1日になるのは私には向いていないなあと思ったり……」。結局選んだのは、保育園には預けず、シッターさんと一時保育で乗り切るという方法。週に2日はシッターさんに4時間預け、2日は区の一時保育に。「10人程度しかない一時保育の枠を確保するのが、とにかく大変で。朝9時から受付なので、電話の前で待ち構えておいて、9時の時報と同時にそれっとかける（笑）。やっと確保できたとしても預けられるのは9時半から。定刻より15分ぐらい前に行って『ちょっと早く着いちゃって』なんて言いながら、預けるや否や電車に飛び乗ってオフィスに滑り込む。そんな綱渡りも何度かやりましたね」と笑います。腹をくくって、2歳で遥ちゃんを保育園に入れたときの安堵感といったら！　逆に弟の櫂《かい》くんは0歳で預けるようになったそうです。ところ

人参と玉ねぎのドレッシング

人参小1/3本、玉ねぎ2/3個はざく切りにする。酢大さじ3、オリーブオイル大さじ3、塩小さじ1、砂糖大さじ1、はちみつ小さじ1と切った野菜をブレンダーまたはフードプロセッサーで混ぜる。

XO醤ダレ

長ネギ10cm、にんにく1片、しょうが4cm角くらいをみじん切りにする。XO醤大さじ2、酢大さじ3、醤油1/2カップ、ごま油1/4カップを加え、よく混ぜる。

お助けダレを常備する

常備菜作りまでは手をかけられなくても、何にでも使えるドレッシングやタレを作り置けば、蒸しただけ、切っただけの食材がたちまちおいしい一品に。

かあさんレシピ

人参と玉ねぎのドレッシングを人参のせん切りにかければ、たちまちキャロットラペに。鶏ハムにはXO醤タレをかけると、蒸しただけの胸肉なのにプロっぽい味わいになる。子供たちも大好きなメニュー。

忙しい日のために

仕事で遅くなって「今日はごはんを作るのはとても無理」という日も、「これさえあればなんとかなる」という一品があれば、イライラせずに穏やかな心でいられます。

かあさんレシピ

冷凍スープがあれば安心

優子さんの"最終秘密兵器"が、「スープストック」で買う冷凍のミネストローネ。急な仕事でどうしても帰れなかったり、出張が入った日は、ご主人にご飯だけ炊いてもらい、スープと一緒に夕食にしてもらう。

鶏ハムを作っておく

鶏の胸肉を酒、塩に10分ほど漬け込み、ラップでギュッと巻いてから、沸騰したお湯の中へ。火をとめてフタをし、1時間そのままおいておけばできあがり。市販のハムは添加物が多いので、これを作っておけば安心して子供にも食べさせられる。

が……。

「あのころは、精神的に崩壊寸前でした。遥のときに否定していたことを、櫂のときには全部やっている。しかも親の都合で。自分でもこうするしかない、と納得のうえでのことだったのに、もうどうしようもなく落ち込んでしまって。本当は許されないのですが、内緒でおっぱいをあげに行ったりしていましたね。最初の1か月は午前中で引き取りに行っていました。もう、私自身が耐えられなくて……」。

遥ちゃんも弟が生まれたことで敏感になって、それまでいい子だったのに、1時間以上泣きやまなくなったりと、不安定になってしまいました。

「遥と櫂は同じ保育園に行っていたのですが、当時櫂だけを先に連れて帰っていました。園長先生に注意されたんですよね。『たまには遥ちゃんも一緒に連れて帰ったらどうですか？』『遥ちゃんはしっかりしているから、お手伝いしてくれるでしょう？』って。でも、当時の私には、櫂ひとりでいっぱいいっぱいだった。ちょっと寝てくれたら、その時間に仕事もしたかったですし」。

そんな中、遥ちゃんが出したSOSに、やっと気がついたといいます。そこで、優子さんは遥ちゃんとふたりだけで散歩に出かけたり、ケーキ屋さんでおいしいデザートを食べたり。1対1で向き合い、ふたりきりで濃密な時間を過ごすことをはじめました。「実はこの習慣、今でも続いているんです。ときどき櫂を主人に預け、遥とふ

みんなで作れるレシピを持つ

かあさんレシピ

かにシュウマイ

子供も参加して作れるメニューなら、「ごはんまだ〜」と騒ぐこともない。豚ひき肉120gに玉ねぎみじん切り⅓個、蟹缶を加え、ごま油と醤油で味付けをして皮で包み蒸す。

たりでデートします。女どうしだけで過ごす、私にもなくてはならない、楽しい時間になりました」と宮崎さん。

子育てには「努力ではどうにもならないことがある」と知る

一方櫂くんは、小さなころから体が弱く、入院も2回ほど経験しました。まずは入院の10日ぐらい前から熱が下がらなくなって保育園を休みます。さらに、退院後1週間も家で安静にしなければなりません。そうすると合計1か月は看病に明け暮れ、仕事どころではなくなります。「半分休職のような状態でした。丸2か月会社に行けなかったとき、『もう辞めよう』と決心したんです。でも、会社から、後任が決まらないうちは辞めてもらったら困ると言われて。クライアントの会社の社長も『宮崎さんじゃないと』と言ってくださって」。子育ても仕事も、何をするにも一生懸命。そんな「生きる姿勢」は、仕事と直接関係ないことでも、一緒に働く人の胸を打ったに違いありません。幸い、一昨年の1月に入院したのを最後に、櫂くんも徐々に丈夫になりました。ちょうどその時期に新居に引越し。新生活を待っていたかのように、仕事面でもいろいろなプロジェクトが動き出し、「もう一度がんばってやってほしい」と社長に頼まれて、少しずつ仕事量を増やし、今は毎週4日働くようになったところです。

実は新居の1階は、ご主人の設計事務所になっています。なので、保育園の送り迎えなど、ずいぶん時間を融通して手伝ってもらえるようになり、大助かりなのだとか。

最後に「仕事と子育てのマネジメントをするときに、いちばん大事なことはなんだと思いますか？」とたずねてみました。すると「その都度、その都度、ってことですね」と宮崎さん。「おかあさんは、10個したいことがあっても、5個できればいいほうです。だったら、5個だけは絶対にできるようにしっかり向き合う。それでも、時にはひとつかふたつしかできないこともあるかもしれない。そんなときも、迷わず、一番はコレ、二番はアレ、と言える自分でいたいと思います。私は、櫂が入院したときに打ちのめされました。どんなに風邪をひかないようにと気をつけて、子供のために尽くしても病気はおかまいなし。入院したら、自分の時間が2～3週間ぶっとんで、自分の努力なんて及びませんでした。そうしたら、もうあきらめざるを得ないんです。そんな中で次の1歩を踏み出すとき、その都度、その都度、何を「一番」と選ぶか、それが言える準備をしておく。それが私にとってのマネジメントかな」。

ホップ・ステップ・ジャンプと飛ぶことはできないけれど、そろそろと1歩を踏み出す……。でも、その小さな小さな1歩が、確実に未来の自分を支えてくれるはず。キラキラと輝いて見えた宮崎さんの姿の裏側には、そんな着実な歩みがありました。

宮崎優子さんの
かあさんマネジメント

1 朝起きてから段取りを考え、
付箋にメモして持ち歩く

2 1週間に1度、「妻」と「おかあさん」を
お休みして自分のための1日を過ごす

3 1日の終わりに、床の拭き掃除とキッチンの
シンクの掃除を欠かさない

4 切るだけ、焼くだけで1品が完成するタレや
ドレッシングを常備する

5 ひとりでがんばらず、子供を持つおかあさんたちと
情報交換＆刺激をもらう

6 夫の手を借りて家事と育児の負担を
背負いすぎない

1日のはじまりに自分を整える

仕事や子育てに
追われる毎日でも、
朝になれば、
クリアで
ニュートラルな
自分になる。
それが、すべての
ものごとをブレずに
迅速にこなす基本

かあさん No.

06

藤田ゆみさん

ふじたゆみ

大阪の特別養護老人ホームで働いた後、上京して出版社に勤務。カルチャー雑誌を手がける。結婚、出産を機に、「くらすこと」を立ち上げる。2012年に福岡県糸島市に移住。「こども園」をオープンさせた。ご主人の茂久さんと、14歳、10歳、8歳、2歳の子供たちと6人暮らし。

白湯を飲んで、体の内側を洗い流して

朝起きると、まず10分ぐらいぐらぐらとお湯を沸かせて、白湯を飲む。白湯は体内を洗い流すシャワーとも言われ、朝一番に飲むといいそう。ゆっくりと飲みながら、体と心が目覚めるのを待つ。

グラウンディングで
自分自身とつながります

自分の体を隅々まで意識することで、
本当に何がしたいのかが見えてきます。

まずは、両手を高く上げ、伸びをしてから、スクワットを。足の裏をピタッと床につけたまま、しゃがんでアキレス腱を伸ばす。そのあと、足をマッサージし、足の裏のツボを押してほぐす。体の準備が整ったら、グラウンディングにとりかかる。少し足を開いて立ち、頭のてっぺんから体の内側をスキャンするような気持ちで、体のパーツを意識していく。胸からお腹、足先へとだんだんと意識を下ろし、最後にもう一度上がって、胸と骨盤をつなげる意識を持つ。本郷《ほんごう》綜海《そみ》さんのグラウンディングコーチ養成コースに通って教えてもらった方法。

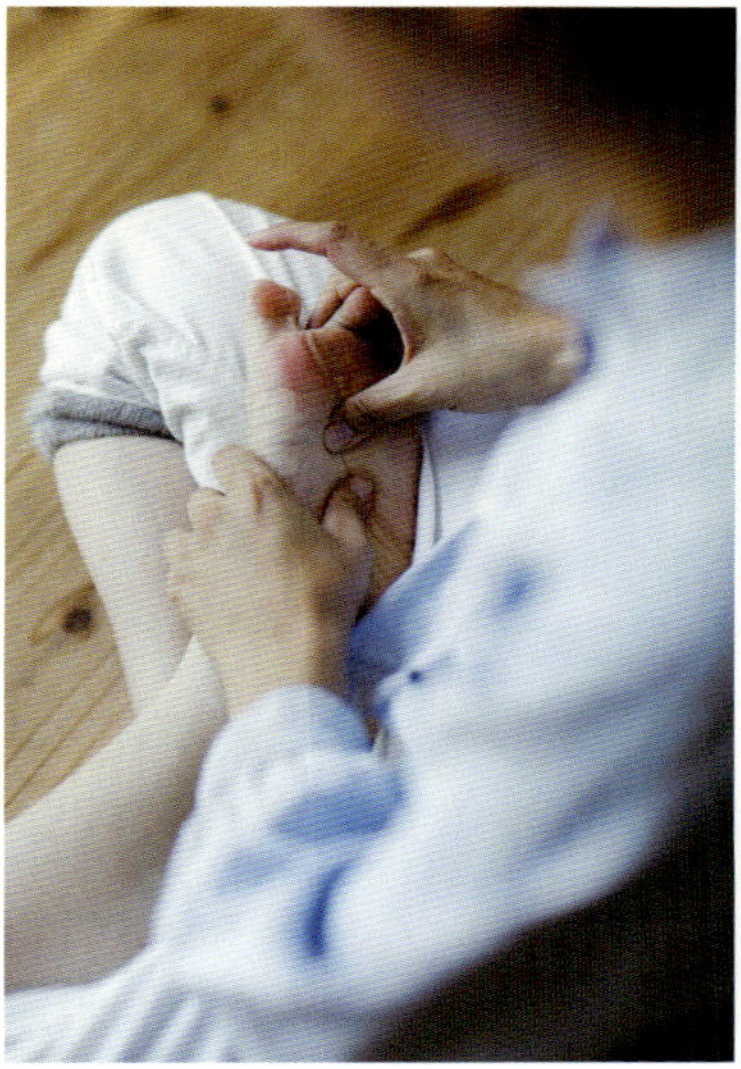
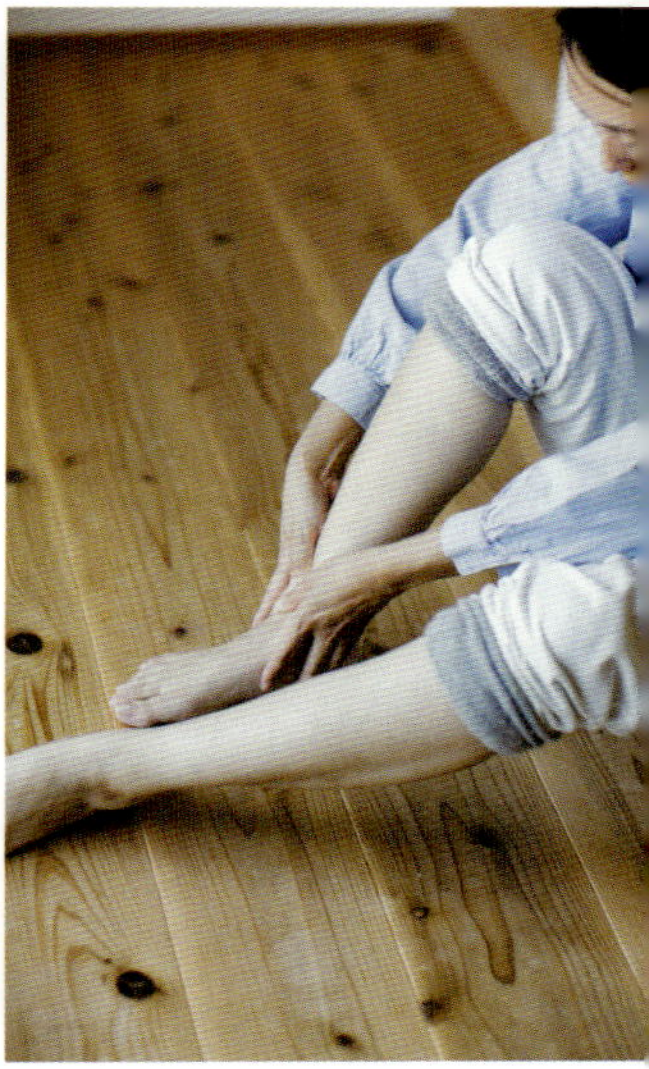

3つの自分の整え方

調子が悪い日はフラワーレメディで調整

その日の自分の状態に合ったレメディをチョイスすると、不安がなくなって、心が楽になる。

セージをたく

場を浄化する作用があると言われるセージをたくことで、清らかな気持ちになることができる。

朝窓を開ける

冬でも窓を大きく開けて、外の空気を室内に取り込む。これで新しい1日が始まる気持ちに。

子育ては、がんばっても乗り切れなかった

「私の人生には『計画』っていうものがないんです。結婚なんてするつもりまったくなかったし、子供を産むなんて思ってもいませんでした。ましてや4人の子供の母になるなんて！」と笑う藤田さん。『子どもと一緒にスローに暮らすおかあさんの本』の著者であり、主宰する「くらすこと」では、働くおかあさんのためのワークショップを開いたり、安全な食べ物、心地よい自然素材の衣類などを紹介。そこには、いつも、ご自身と同じように子育てをするおかあさんたちの悩みや心配や、ワクワク感や安心感に寄り添う視点がありました。なのに、「子供が苦手だった」とは！

ずいぶん昔に取材でお会いして面識はあったものの、その後接点がなく、私が藤田さんに再会したのは一昨年、福岡県糸島市に移住された新居をインテリア取材で訪ねたときでした。縁もゆかりもなかった福岡に「初めてきたときに、ここに立ってすごく気持ちよかったから」という理由だけで、家族5人で移り住んでしまう……。そう聞くと、さぞかしテキパキし、強い意志の持ち主なのだろう、と思いがちですが、話してみると、意外やゆったりおっとり。でも、やさしい口調の奥に、「こうじゃなき

や前へは進めない」と、ご自身が体験し、実感したことを糧《かて》にして、前へ前へと進む強さを感じたのでした。そんな藤田さんに、今回は子育てのお話を伺いました。

大阪から上京し、出版社でカルチャー雑誌の編集を手がけていた藤田さん。29歳で長男基就《きづき》くんを出産したとき、想像以上の大変さに途方に暮れたそうです。デザイナーだったご主人は仕事が忙しくて帰宅はほぼ深夜でした。「自分でなんとか乗り切れる、と思っていました。それまで、ハードな仕事をこなしてきたから、同じようにがんばればいいと思っていた。でも、生まれて初めて、どうにもならなかったんです。まわりの友達は結婚が遅くて、まだバリバリ仕事をしていたから、相談する人もいないし、本当に孤独でした。子供はかわいいけれど、自分のモヤモヤを発散する場所がない。仕事には終わりがあるけれど、子育ては先が見えない。今まで仕事を形にすることで、自分のアイデンティティを保っていたのに、何者でもなくなった自分のもどかしさもあったし。もう、いっぱいいっぱいになって、ある台風の日、雨の中を泣きながら、走ったことを覚えています」と藤田さん。ほんのちょっと息抜きするために、誰か子供を見てくれたらいいのに。子育ての悩みを相談できる人がいたらいいのに。そんな思いが、のちに「くらすこと」の立ち上げにつながったよう。

子供を産んだことにより、食べるもの、着るもの、暮らすことに対する目もどんどん新しく変わっていきました。「仕事だけをしていたころは、自分に体があることを

かさね煮を作っておく

野菜が持っている自然の「うまみ」を最大限に引き出す調理法が「かさね煮」。
まとめて作り置けば、さまざまな料理に使いまわすことができます。

たとえば、根菜は下に伸びる求心力で成長し、体を引き締める「陽性」、葉菜は外に向かって広がりながら伸びる遠心力で成長し、体をゆるめて冷やす「陰性」。かさね煮では、葉っぱを下に、根っこを上に重ねる。これに火を加えることで、互いに影響しあって素材の持つ本来の甘みや旨みを引き出すことができる。

きのこ、玉ねぎはみじん切りに、にんじんはせん切りにする。鍋の底にまず塩をふり、きのこ→玉ねぎ→にんじんの順にかさね、再度塩をふって、水少々を加えて弱火で30〜40分間蒸し煮にする。

味噌汁に

蒸し煮をそのまま味噌汁の具に。出汁をとらなくても、野菜の甘みでおいしくなる。

コロッケに

蒸し煮にした野菜を丸めて衣をつけて揚げれば、野菜たっぷりのコロッケに。

サラダに

さまざまな種類の豆やプチトマトなどの生野菜と蒸し煮を混ぜてサラダに。

キッチン内に仕事机を作る

いちばん大切なのは「おかあさん」であること。「食べる」ということ。その優先順位は何があっても変わることはありません

かあさんレシピ

仕事をしながらやっておくこと

野菜の味噌漬けを作っておく

わざわざぬか漬けを作らなくても、そのとき冷蔵庫にある味噌に、カブやさやいんげんなどの残り野菜を漬けておくと、漬物感覚でおいしく食べられる一品に。

いもを蒸しておく

火が通るまで時間がかかるじゃがいもやさつまいもは、仕事をしながら蒸し器に入れ、蒸しあげておけば、ポテトサラダなどがすぐ作れる。さつまいもはおやつにも。

昆布と煮干しをつけておく

おいしい出汁さえあれば、味噌汁も煮物もおいしくできる。昆布と煮干しをたっぷりの水に浸しておき、調理を始めるときに煮立てればできあがり。

忘れていました（笑）。でも、おっぱいだけで大きくなっていく子供を見てびっくりしたんです。食べるものが体を作っているんだ！って。だったら、何を食べるかってすごく大事。子供が着るものも、できるだけ肌に優しい自然素材を選びたいなとか……。いろんなことに目が開いてきたことが、楽しかったしおもしろかった。そして、こういうことをみんなで共有できる場があればいいな、と思ったんです」

それでも、悶々とした子育ての悩みは解決せず、「とにかく自分で立て直さないと」と、基就くんが1歳になったとき、保育園に預けて働きはじめました。かつて福祉施設で働いていた経験を生かして、デイサービスで介護の仕事をするように。その後、おかあさんと子供のための雑誌で、働きながら子供を育てるおかあさんにインタビューをする、という連載を手掛けたり、料理家のどいちなつさん、中川たまさんと一緒におにぎり作りのワークショップを企画したり。これが「くらすこと」のはじまりです。その後ネットショップも立ち上げ、どんどん仕事が広がっていきました。

ちょっと見てくれる人がいれば、わが子を「かわいい」と感じられるはず

一方、保育園でも新たな発見がいっぱい。「『今日はこんなことをしていましたよ』

と先生たちが話してくれたり、ほかのおかあさんたちと出会って、子育ての悩みを聞いてもらったり。それまでひとりだったので、『こういうとき、どうするのかな？』と話せる環境があることのすばらしさを実感しました。だから私も、そんな『場』をつくることができたらいいなと考えたんです。出産後、私は余裕が1%もなく、余裕がないと子供と向き合うこともできなくて、きっといちばんかわいい時期だったはずなのに、いっぱいいっぱいでそれが感じられないまま過ごしました。それは、おかあさんみんな同じはず。きっと、ちょっと見てくれる人がいれば、『かわいい！』って感じられるし、大変なこともそんなにつらくなくなる。自分がしんどかった分、子育てをしながら働くっていうことと、どう向き合っていくか、自分自身も経験しながら、いろんな人と一緒に考えられたらなと思ったんです」。こうして、ワークショップやイベントを企画するようになりました。

自分が「わかった」ことを、「ああ、そうか」と納得して終わるだけでなく、「私、わからなかったんですけど、こうやったらわかるようになったんですよ」とまわりにいる人とシェアしたい、と思うのが藤田さんのすごいところ。よくよく聞けば、幼いころ、大阪の下町に育ち、近所のおじいちゃんやおばあちゃんが大好きだったそうです。「ひとり暮らしのおじいちゃんがいたら、なんとかつながりたくて、でも何のきっかけもなかったら突然訪ねて行けないので、絵を教えてもらうことにしました。すると引きこもっていたおじいちゃんがやる気満々になってくれて（笑）。みんなが『自分が生かされ、生きている』って実感できたらいいのにな。そのために自分ができることをしたい。ずっとそう思っていました」。きっと藤田さんのDNAには、自分の幸せだけでなく、誰かとともに幸せになる、という回路が埋め込まれているに違いありません。シェアするには、「場所」が必要で、「伝える」手間が必要で、それをつくる「時間」が必要になります。それを厭《いと》わず、むしろ、誰かに伝えることがうれしい……。

その後、長女円子《わこ》ちゃんを出産。時を同じくして、ご主人がデザイン事務所を辞め、フリーのデザイナーとして独立したので、家事や育児も半分できるようになりました。ネットショップでは、自分たちが使ってみて「ここがよかったよ」ということを記事にアップすると、たちまち評判に。思いがけず、どんどん売れるようになったそう。「仕事もますます忙しくなり、仕事と家事と子育てのバランスがめちゃくちゃになってきました。当時、イイホシさんに『藤田さんって、動きながらじゃないと考えられないんですね』と言われて、なるほどそうだ！って妙に納得したのを覚えています（笑）。自分では何も生み出せないから、私ができるのは、人との出会いの中で『こういうものがあったらいいのにな』とか『こういうしくみがあればいいな』と感じたことを、自分が媒介となって形にすることだなと思って」。

ギュッと抱っこする

2歳の娘も、14歳の息子も
ギュッと抱っこしたり
体をくっつけたり。
言葉より「体温」が大事

リビングに勉強道具をセットしておく

小学生の円子ちゃんと大雄くんは、ダイニングテーブルで宿題をする。教科書やノートなどの勉強道具は、テーブル脇にスタンバイさせて。

わからない世界の話でもちゃんと聞く

基就くんは今、アニメやボーカロイド、ライトノベルに興味があるそう。藤田さんは、その世界のことはわからないながらも、きちんと耳を傾ける。

毎朝、自分を整えることからすべてがはじまる

その後、実店舗もオープン。ところが、3人目の大雄《たお》くんを妊娠していることがわかったころ、突然体調を壊します。「車を運転していたら、急に足が動かなくなったんです。救急車で運ばれて、大学病院に行ったほうがいいと言われて行ってみたら『自分では気づいていないかもしれないけれど、これは『ヒステリー』っていう状態です』と言われて愕然《がくぜん》としましたね。私は自分が精神的にタフだと思っていたから、ストレスがたまるなんて思ってもいなかったけれど、『もう無理です、って体が悲鳴をあげていますよ』と言われて、『そうだったんだ〜』とワ〜ッと涙が出てきました。自分がどうしたいのか、何を大事にしたいのか、きちんと見直さないといけない……。そう思いました」。そこで、大阪にいたお母様を東京に呼び寄せ、手伝ってもらうことに。「今まで、全部自分で抱えてどうにかしようと思っていたけれど、自分の努力ではどうにもならないことがある、とやっと認められるようになりました。『どんどん、人にお願いしていかないと、自分が本当に大事なことはできないんだ』と思って、そこからどしどしお願いすることになったんです」と笑います。

外に対してはプロに徹する

どんなに子育てが大変でも、それが仕事の言い訳にはなりません。
仕事モードに切り替えたら、プロである意識を持ってクオリティを高めます。

ネットショップの発送を手伝ってくれているスタッフと打ち合わせを。商品はすべて藤田さんが吟味して選んだもの。

自宅と同じ敷地内にある「こども園」。無心になって蝶を追いかけたり、土とたわむれたり。かけがえのない「こどもの時間」を通し、親も一緒に成長していける場に。

「こども園」では、食べることを何より大事にしている。給食の献立作りを担当する栄養士の馬場久枝さんと打ち合わせを。

少し暮らしが安定しはじめたかなと思ったころ、東日本大震災が起こり、家族で福岡県糸島市へ移住することを決意。今、ご自宅が立っているのは、海まで約10分という小さな丘の上にある広々とした栗畑だった土地です。藤田さんは、ここを「おやまのひらき」と名付けました。「はじめてここに来たとき、海と空と畑と自然に囲まれて、天国みたいな場所だと思ったんです。この気持ちよさや、自由で大きな可能性を多くの人たちと共有して開いていきたいと思って」。「こども園」やショップ、子供たちの自由な遊び場としてのプレーパーク、ワークショップやイベントなど、「おやま」を「ひらく」ための計画が着々と進んでいるところです。

子供たちを送り出したら、「こども園」の準備や、お店の商品のこと、ネットの記事のアップなどの仕事を。そうこうしていると、あっという間に夕方に。ごはんを作って、お風呂に入れて……と1日は飛ぶように過ぎ去っていきます。

そんな藤田さんの1日は、朝4時半から始まります。窓を開け、白湯を飲み、体操したらとりかかるのがグラウンディング。これは、「自分とつながる」ための方法のひとつ。静かに息を整えて、目をつぶり、頭から少しずつ自分の中をスキャンする感覚で、自分の体のパーツひとつひとつを感じていきます。足先までいったら戻り、最後に骨盤とハートとをつなぐようなつもりで……。その後窓辺に座って瞑想《めいそう》を。「ありのままの自分でいられることが大切かなあと思います。意識が頭へとあがりすぎると、みんなに見られているとか、恥ずかしいとか、緊張するとか、すべてを頭で考えるようになってしまいます。そんな意識を下へおろして、自分自身とつながっていく。とにもかくにも、朝のはじまりに自分を整えることを大事にしていますね。そこをやらないと、4人の子供たちにも余裕を持って接することができないし。多くの仕事をブレることなくこなすためには、たとえイヤなことがあったとしても、引きずらず、クリアでニュートラルな状態に自分を戻すことが重要なので」と語ります。

人は、人と関わりながら生きていき、そこには絶えず「外」と「内」の世界が隣り合わせに並んでいます。「外」と関わらないと生きてはいけないし、「外」からもらった刺激によって、自分の「内」が耕されていきます。でも、「外」だけにアンテナが向いていると、本当に大切な「内なる世界」が見えなくなってしまいます。自分は、本当は何がしたかったのか、どう生きていきたいのか。藤田さんが大事にしているのは、そんな「内なる自分」とつながることでした。おかあさん業も、仕事も、まずは自分を整えてから。時間管理や作り置き料理など、さまざまなテクはあるけれど、まずは目をつぶり、自分の体と向き合う。そんな「かあさんマネジメント」の仕方もあるのだと、教えられました。

藤田ゆみさんの
かあさんマネジメント

1 1日の始まりに静かに目をつぶり、
内なる自分とつながる

2 仕事場をキッチン内に作り、
仕事をしながら夕食の下ごしらえをしておく

3 かさね煮の野菜を常備。
すべての料理の素《もと》にする

4 夫や実家の母、友人。
頼める人には、どんどん助けを頼む

5 中学生の息子の趣味の話には、
わからなくても耳を傾ける

6 仕事では「子供がいるから」を言い訳にせず、
プロに徹する

第二子を出産後、
産業医の資格を取得。
私は私。
夫は夫。
子供たちは子供たち。
それぞれが自立した
生き方、暮らし方を

かあさん No.

07

石渡深里さん

いしわたり みさと

大学の医学部医学科で学ぶ。結婚、出産で医師の道を中断。第二子出産後に、新たに産業医としての資格を取得し働きはじめる。現在は契約している企業で週2～3回、心身のケアを担当。病理医の夫誉郎さん、7歳の瑞乃ちゃん、5歳の文隆くんと4人家族。

時には7歳の娘がごはん当番。
やりたい人がやる、
がわが家のルールです

図書館で子供用の料理本を借りてきて、そこに掲載されているメニューを作ってみるのが、今の瑞乃ちゃんのブーム。深里さんは手出し、口出しせず、こっそりダイニング側から見守る程度に。手助けしないことで、火も包丁も自分で気をつけるようになった。

朝が苦手だから、
ママは起きません。
朝食はパパと子供たちで。
「私がやらなくていい」と
割り切ることも大事

パンを焼いて、簡単なサラダを作り、紅茶をいれて。そんな朝食準備は誉郎さんが担当。この間洗濯機も回しておいてくれる。朝が苦手な深里さんは子供たちが出かけた後7時半ごろ起床。

この日は、ゆで卵を刻んでマヨネーズであえたエッグサラダをパンにのせて。ヨーグルトには、メイプルシロップときなこをかけて食べるのが子供たちのお気に入り。

瑞乃ちゃんが作ったのは、具沢山のポトフ。もともと通信教育の教材の本に「カレーを作ってみよう」という題材が載っていて、ひとりで家で挑戦したことがきっかけで料理に興味を持つようになったそう。

お手伝いというよりも
まるごと子供に任せるほうが
ずっとラク

肉とじゃがいもなどを煮込み、最後にブロッコリーを加える。スープと具を別々に盛りつけて。参考にしたのは『はじめてでもかんたん！アイデア料理　みんなでディナー』（汐文社）。

料理を任せるといっても、遠くから見守るつもりで。お姉ちゃんの影響で文隆くんもお手伝い。りんごをカットして砂糖を加え煮て、ヨーグルトと一緒に食べるジャム作りを。

ママは朝寝坊。それが、石渡家のスタンダード

朝7時。石渡《いしわたり》家ではパパと子供たち2人で朝食がはじまっています。エッグサラダを作って支度をするのは、ご主人の誉郎《たかお》さん。朝が苦手というママの石渡深里《みさと》さんはまだベッドの中です。子供たちを学校や幼稚園に送っていくのも誉郎さんの役目。「私は、起きると夫が作っておいてくれた朝食を食べ、さらに夫が洗濯機を回しておいてくれた洗濯物を干し、それから出勤するんです。家事は完全に分業制ですね」。

そう言いながら晴れやかに笑う石渡さんの笑顔に、実はちょっと驚きました。普通なら、パパと子供たちだけで朝食をとることに、ママが朝起きてこないことに、多少の後ろめたさを感じるんじゃないかな、と思ったから。でもここに、石渡さんの「かあさんマネジメント」を成功させるいちばんのポイントがあるようです。

できる人がやればいい。得意な人がやればいい。それが石渡家のルール。それは、ご主人だけではありません。7歳の瑞乃《たまの》ちゃんは今、料理に興味を持ちはじめたばかり。図書館で料理の本を借りてきて、「これ作る！」と宣言。見事に「イカとアスパラのバター炒め」や、「ひと皿ポトフ」などを作ってくれました。

「イカのさばき方だけは横で教えましたけど。基本的には、作りはじめたら完全に任せます。キッチンが見えるぐらいの位置に座ってはいますが……」と石渡さん。

瑞乃ちゃんはもちろん、5歳の文隆《ふみお》くんも、幼稚園や学校の準備は自分で。持っていくものをそろえるのも、何を着ていくか選ぶのも、「自分でどうぞ」と任せます。「時にはびっくりするような組み合わせになることも。文隆の最近のブームは、ワントーンコーデのようで、黄色のTシャツに黄色の短パンとか、すごいセンスなんです」と深里さんは大笑い。宿題などの勉強についても、めったに口出ししないのだとか。

「瑞乃が小学生になったとき、どう考えても宿題をやっていなさそうだったので、『宿題やったの？』と聞くと『宿題を忘れて困るのは私だし、ママのことじゃないんだから大丈夫』って言われたんです。それからは、やっていなさそうでも、聞くのをやめました。どうにか自分で帳尻を合わせているみたいですね」。

瑞乃ちゃんのしっかりぶりにも驚きますが、その言葉に納得し、距離を取って、わが子とまるで大人のように接する石渡さんの姿にもっと驚きました。

「私のもともとの性格もあるのかもしれませんが、私は私、あなたはあなた、という考えが根本にあるんです。それは夫に対しても、子供に対しても同じです」。

妻だからこれをやらなくちゃ。母だからこうしなくちゃ。そう考えるから、無理をして役割を演じ、「自分」が苦しくなります。「子供だから」とできることを制限する

子供でも出し入れしやすいよう、衣類は手が届く低い位置に収納。引き出しには、何がどこに入っているかを書いたラベルを。

夫に洗濯物を干してもらうなら干し方には口を出しません。子供に着替えを任せたらダメ出しはしません

朝起きて、パジャマから幼稚園へ行く服へ着替えるのも、夜お風呂に入った後パジャマに着替えるのもすべて自分で。取り込んだ洗濯物をたたむのも子供たちの仕事。

時にはご主人が洗濯担当に。つい「そうじゃなくて」と干し方にまで口を出したくなるが、そこはぐっとがまん。やってくれるものは、丸ごと任せるのが鉄則。

毎日、お風呂に入る前に掃除をするのが石渡家の習慣。掃除担当は瑞乃ちゃん。「子供の弱い肌でも荒れないように、洗剤は植物油を主原料とした「パックスナチュロン」を選ぶようにしている。

任せたら口出ししないのが、「やってもらうシステム」をつくるコツです

宿題をやったか、ということにも口出ししない。瑞乃ちゃんは、友達と遊びたい日、家にいる日と、状況に合わせて自分でやる時間を見つけるようになった。

と、可能性まで小さくしぼんでしまいます。夫と妻、母と子。その関係性以前に、人と人の基本の立ち位置は「私とあなた」であるはず。妻であること、母であることの「役割」にこだわりすぎると、「自分」でいられなくなるし、家族も伸び伸び過ごせなくなる。石渡さんは、その線引きをきちんとする人でした。その結果、ご主人も子供たちも、「自分のことは自分でする」という意識が育ち、「ひとりの人間として」自分の足で立ち、石渡さんと対等に向き合うようになりました。

丸ごと任せるということは、相手を信頼しているということです。そこには「できないかもしれない」「私じゃないとダメ」という発想はありません。「洗濯物を干すのを夫に任せたら、私だったら、パンパンとシワを伸ばして干すけれど、そこまで要求はしません。手渡ししたら、口出ししない、というのがコツかな」と深里さん。相手の中にある力を、認めて、託す。それができるようになると、すべての荷物を家族で分け合って「どうして私だけ」という不満もなくなるのかも。

今でこそ、こうやって自分と家族の距離感を上手にとるようになった石渡さんですが、実は瑞乃ちゃんを出産したばかりのころ、育児でも、日々の暮らしの中でも、ずいぶん息苦しい時間を過ごしたそうです。

「当時、夫の仕事が忙しく、ほとんど家にいなかったこともあって、育児はほぼ私ひとりでこなしていました。出産後すぐは、実家の母に手伝いにきてもらっていたのですが、母は母なりの『子供はおかあさんがきちんと向き合って育てなければいけない』というポリシーがあって……。『子供は泣かせちゃいけない』と、瑞乃が泣き出すと、『はい、すぐ抱っこして!』と言われました。母に預けて外出したくても、『3時間で帰ってきてね』と念を押されるので、私の猶予はいつも3時間。そうやって育てていたからか、瑞乃も人見知りをするようになり、友達の家に遊びに行っても私のひざから離れません。誰ともしゃべらなくて……」。

瑞乃ちゃんが少し大きくなって、児童館で遊ばせるようになると、ママ友たちの様子を見て唖然《あぜん》としたそうです。

「子供をおばあちゃんに預けて平気で夫婦で出かけたり、私と全然違ったんです。『あれ? いいんだ、それで』と驚きましたね。そこで、気づいてスイッチを切り替えたことが、本当によかった。文隆を産んだ後は、夫や母、義理の母に預けて自分の好きな時間を過ごすようになりましたから。だから、うちでは第一子と第二子では、幼いころの子育ての仕方がまったく違うんです」。

第二子出産後に資格を取り医師としてのキャリアを再スタート

大学の医学部で学んでいた深里さん。研修医時代に同じく医師を目指していた誉郎さんと結婚。出産を機に医師としてのキャリアをいったん手放しました。「もともと子供のころ、少し成績がよかったこともあり、母の強い勧めで医学の道へと進みました。自分の確固たる意志を持って選んだ道ではなかったので、『このままお医者さんになるのかな?』『これでいいのかな?』と常に迷っていました。でも、せっかく入学したのだから卒業まではやってみよう。卒業後は、少し働いてみよう、と続けていた感じ。本を読むのが好きで、『人の人生を聞く』ということに興味があったので、大きな精神科のある研修病院を選びました。でも、研修はつらかったし、そこまで覚悟がなかったし……。それで出産を機に辞めることにしたんです」。

それは、石渡さんにとって初めての「親の期待に沿うのをやめる」決断でもありました。ところが、ずっと家にいる生活がはじまると、今度はなんだか息苦しい。「外に出る時間や、社会的地位が、まったくなくなったことがストレスだったのだと思います。医師を続けている友達と自分を比べて落ち込んだり……」。

そのころ、「いのち」について考える場を広げる活動を始めた友人に誘われて、医学生や小学生に向けて授業をする手伝いをはじめました。「今でも覚えていますが、夜ミーティングがあって、出産後、初めて夜に外出したんですよね。外は暗くて、電車に乗って……。すごくドキドキしました（笑）。そこでの活動は楽しくて、ワクワクして。やっぱり〝おかあさん〟以外にも、私ができることをやっていこう、と思いました」。

ここで出会った友人とふたりで、子供を対象に、体のしくみを教えるワークショップ「ｔｏｃｏｔｏｃｏ」を立ち上げました。それはたとえばこんな感じ。画用紙に、赤い布で作った心臓を貼り、子供たちに配ります。心臓から腎臓、膀胱を通っておしっこになる……、そんな血液の循環を説明しながら、子供たちには血管に見立てた赤い毛糸を画用紙に貼ってもらいます。そうやって作業をしながら、体のしくみを学ぶことができるというわけ。「体に興味を持つことは、自分のことを大事にすること。そんなことを楽しくお勉強しながら伝えられたらなあと考えました」と石渡さん。

さらに文隆くんが2歳になると、なんと1か月間の研修を受けて資格を取り、産業医として働きはじめたといいますから驚きです。2歳といってもまだまだ手がかかる時期。そんな中で新たなキャリアをスタートさせるとは！　産業医とは、企業において心と体の健康管理を行う医師のこと。契約している企業をまわり、社員さんたちの体と心のケアをするのが仕事です。

医師の知識を生かして、子供たちにワークショップを。
社会とかかわるしくみは自分で作ります。

友人とふたりで立ち上げた「tocotoco」では、子供たちに、アートやデザインを通じて、楽しみながら体や命について学んでもらうワークショップを開いている。
https://tocotocoworkshop.jimdo.com/

「家庭の外に出ることで、自分自身がリフレッシュでき、家での時間も楽しくなりはじめました。自分が心からやりたい、と思えるものに出会えたことで、人生に対して前向きな気持ちになれた気がします。ずっとモヤモヤしていたものがなくなって、子供たちともゆとりを持って向き合えるようになったかな。きっと私は人一倍『自分が心からやりたいと思うことをやりたい』と考えるタイプなのだと思います。だからこそ、『やりたいことが見つからない』という状態がストレスだったのかも。娘や息子の『やりたい』という気持ちを大事にしているのも、それゆえですね」と深里さん。

いいおかあさんにならなくてもいい

誉郎さんが働き方を変えたことも、仕事再開の大きな理由のひとつでした。大学院に通いながら、病院の泌尿器科で働いていたという誉郎さん。日々忙しく、帰宅は深夜。休みもほとんど取れなかったそうです。そこで、大学院に所属したまま専攻を病理に変更し、医学博士、専門医を取得。今は民間の検査会社で働いています。

「週3回だけ通えばいいんです。だから週休4日！」と笑う誉郎さん。その分家族と過ごす時間が増え、家事や育児も積極的に手伝えるようになったというわけです。「もちろん収入は減りましたし、医師としてのキャリアも封印。でも、僕はあんまり欲がないんです。稼いであれを買って、どこへ行って……というのはあんまりない。好きな本や漫画が買えればいいかな（笑）」

将来的に収入を増やそうと思えば、働く時間を増やせばいい。そんな働き方が可能なのも医師という仕事ならでは。一般のサラリーマンから見ればうらやましいかぎりですが、だからこそ「いったん休む」「いったん降りる」という選択は、自分が大事にしたいものを、きちんと持っていないとできなかったことなのかもしれません。

「そんな価値観も夫婦同じですね。私も、いいおかあさん、いい奥さんでいなくちゃという理想像は持っていないんです。私は、子供のころから母の顔色を見ながら育った優等生タイプでした。評価を受けて、自分の立ち位置を確認するといった感じ。でも、外から見る自分と、本当の自分の間に、だんだん誤差が生まれてきた……。優秀なお医者さんになること、立派に母親になることが負担で心苦しくなって」。

そんな石渡さんを救ってくれたのが、自分で作った新たな家族です。「家族が笑顔で暮らせれば、それがいちばん！」。たったそれだけの「いちばん」を見つけたことで、人生がガラリと変わりました。いちばん大事な宝物だからこそ、おかあさんが朝起きてこなくたって、夕飯は7歳の娘が作ったって、ＰＴＡにはパパが出かけたって、家族の在り方は自分たちが決めた形でいい。石渡家だけの「ものさし」を持つ石渡さんの晴れやかな笑顔が忘れられません。

石渡深里さんの
かあさんマネジメント

1 朝が苦手なので無理して起きず、
朝食準備と幼稚園の送迎は夫に任せる

2 夕食準備やお風呂掃除など子供の
お手伝いは「丸ごと」任せる

3 家事を任せたら、口出しせず文句も言わない

4 仕事やボランティアなど心から「やりたい」
と思うことを「家族がいるから」と封印しない

5 親の目、ママ友の目を気にせず
自分らしい子育てをする

6 収入が多少ダウンしても、
家族が楽しく暮らせる働き方を夫婦で選ぶ

子供を預けたり、
預かったりだけでなく、
悩みも迷いも、喜びも
子育ての荷物を
分け合う仲間がいたから、
ここまでこれたと思います

かあさん No.

08

澤田伊公子さん

さわだいくこ

短大卒業後アパレル会社に就職。結婚、出産を機に退社。アルバイトなどを経て、現在はバッグブランドでデザインを手がける。若いころから雑誌『オリーブ』に憧れ、フランスが大好き。現在は服飾デザイナーのご主人と12歳の和音くんと3人で暮らす。

ママ友の金珍《ち》娥《な》さん（右）とは、10年以上のお付き合い。互いに仕事を持つママで、子供を預けたり預かったりと助け合いながら子育てをしてきた。悩みを相談する欠かせない相手。

どうしても仕事を休めない。
そんなときにも、必ず助けてくれる人がいる。
そう思うだけで、心が安定する気がします。

右が和音くん。中央が珍娥《ちな》さんの長男志勇くん。この日はふたりで塾へ行くのを伊公子さんがお見送り。同じ敷地内のマンションの違う棟に住んでいるので、互いの家を行き来して過ごす。

珍娥《ちな》さんは、テレビや舞台などの翻訳の仕事を手がけている。時々一緒にお茶を飲むほか、夕食後には、ウォーキングにも出かけているそう。

そばにいて話を聞いてくれる。子育てには、そんな友達が必要でした

澤田さんと初めて出会ったのは、15年以上前のことです。「素敵な部屋で暮らしている人がいるよ」と知人から紹介してもらい、インテリアの取材をお願いしたのでした。今年12歳になる和音《おと》くんが生まれる前の話です。今回、改めてご自宅を訪ねると、私が取材したころ住んでいらっしゃった家で使っていた、ご主人お手製のリビングボードが、そのまま場所を変え、活かされていることに感激しました。

「和音が1歳になったときに、千葉から、都内のこのマンションに引っ越してきました。出産後一旦仕事を辞めたんですが、私は、やっぱり働きたかったんですよね。実家に近くて、仕事にも通いやすい場所を選びました」。

そんな澤田さんの子育てには、なくてはならない相棒がいます。それが、同じマンションに住む、和音くんの同級生、志勇《じゆう》くんのお母さんでもある金珍娥《ちな》さん。引っ越してすぐに、マンション内にあった託児室で知り合って以来ずっと、仕事でどうしても忙しいときに保育園のお迎えを頼んだり、預かってもらって夕飯を食べさせてもらったり、逆に預かったり。月に一度は一緒に夕飯を食べたり、お茶を飲みながら子育

ての悩みを話し合うことも多いのだといいます。
「ずっとべったり一緒にいる、というわけではないのですが、価値観が似ているから安心なんです」と澤田さん。「たとえば、保育園に通っていたとき、おやつにアメなど甘いものを出されると、当時はまだお砂糖を与えていなかったので、『どうなんだろう』と悶々として……。『さつまいもを蒸したものとか、そんなおやつがいいな』と話したら、珍娥《ちな》さんも同じ意見。お医者さんを選ぶときにも、『あそこの病院は、結構強い薬を出すから、こっちのほうがいい』など、子供に関する環境の中で、何を選ぶか、というものさしが同じでした」。

さらに、澤田さんには忘れられない思い出があります。

「和音が2歳になったころ、イヤイヤ期がひどかったんです。ある日、保育園に迎えに行って、いつもとちょっと違う道を通って帰ったら、それがイヤだとぐずり出して。道端に座って「イヤ、イヤ」と一歩も動かなくなってしまったので、もう一度保育園まで戻って、いつもの道から帰ってきました。疲れ果てて、家に帰って玄関を入ったとたん、涙がワッとあふれてきて。エンドレスの『イヤイヤ』に、もう自分がどういう状態なのかもわからないぐらい、心が疲弊していました。そんなとき、珍娥《ちな》さんに電話をしたら、すぐに飛んできてくれて……。珍娥《ちな》さんがいなかったら、私は子育ての迷路から抜け出せなかったかもしれません」。

とことん自分を「無」にして子供に付き合うあの時期があったから、これからもきっと大丈夫

若いころから雑誌『オリーブ』が大好きで、スタイリストに憧れ、美術短期大学の服飾科を出て文化服装学院へ。卒業後はアパレル会社に就職したという澤田さん。ところが、毎日終電で帰り、日曜日も休めないほどの激務で疲れ果てて退社。「次は何をしようかな？」と考えていたころ、旅行で訪れたフランスで「私の居場所はここだ！」と感じたそう。帰国後、22歳から26歳ぐらいまでの間は、出版社でアルバイトをしながら、お金をためては2〜3か月フランスに滞在。お金がなくなったらまた帰ってアルバイトを。そんな暮らしをはじめました。「サンマルタン運河の近くのアパルトマンを紹介してもらって、知り合った日本人たちとシェアして暮らしていました。みんな『何かをやりたい』というクリエイターばかりで、刺激をもらいましたね。彼ら、彼女たちとは、今も仲良しなんです」。

27歳のときに、バッグ会社にデザイナーとして就職。結婚後は、ご主人と一緒にフランスをはじめヨーロッパのあちこちに旅行に出かけるようになりました。「和音を

澤田さんの育児ストーリー

過度に干渉はしないけれど、
コレだけは、と向き合ったことがあります

4歳

お片づけは一緒に。しまい場所を作ってあげることが大事

「片づけなさい」と言っても無理。しまいやすい場所を作り、一緒に片づけながら教えることが大事。

2歳

イヤイヤ期にはとことん付き合って

子供の言うことに耳を傾け、やりたいことを一緒にやって、自分を「無」にして寄り添ってみた。

小学4年生

親も一緒に学びながら通信教育の丸つけを

丸つけをすることで、子供がどこがわかっていないのか、何が苦手なのかを把握することができる。

小学1年生

机の前に30分座る。勉強より、その癖をつけること

知人のおかあさんに教えてもらい、学校から帰ってきたら、とにかく机の前に30分座る習慣を。

産んだのは、結婚9年目。36歳のときでした。子供を産むと旅行ができなくなる……と思っているうちに遅くなってしまって」。と笑う澤田さん。一見大人しそうに見えますが、どうしても行きたい場所があれば行くし、好きなこと以外は絶対にやらない。常に自分に正直で、「これ」と思えば一直線！　そんな「わがまま力」こそ、澤田さんの魅力なのだと思います。

ただし、今まで一度だけ「わがまま力」を封印したことがあります。それが、あの珍娥《ちな》さんに泣いて電話した和音くんの「イヤイヤ期」でした。「私は、ずっと自分中心に生きてきたと思うんです。それが通らなくなった経験が、子育てでした」と語ります。初めて子育てにつまずいたときに、「これは、腹を決めなくてはダメだ」と、一旦自分を「無」にしてみることにしたそう。

「保育園の先生に相談したら、『今は、秩序を学んでいる時期で、いつも同じ順番や、同じことをしないとイヤな時期なんですよ』と教えてもらいました。『だから、それを受け入れてあげてください』って。そう聞いて、『よし、とことん付き合おう』と自分の中で決めたんです。私ね、独身のころ、お店やレストランで子供が騒いでいるのを見るたびに、『どうして、おかあさんは叱らないんだろう?』って不思議に思っていたんです。でも、自分が親になってみてやっとわかりました。上から見て叱るだけじゃダメなんだって。『わがまま言っちゃダメ』とどんなに叱ったって通じません。

同じ目線に立って、とことん受け止める。そのほうが結果的には近道なんですよね。気がついたら『イヤイヤ期』が終わっていました」。

和音くんが2歳半になったとき、友達が店長だったショップで9時〜17時までパートタイムで働きはじめました。その後、小学校入学を機に、以前のバッグ会社に契約社員として再就職。今は、バッグのデザインを手がけています。「私、家でじっとしていられないタイプなんですよね。料理やお菓子作り、雑貨をディスプレイするなど、家で過ごす時間は大好きだけど、ずっとこもっていると、どんどん気が滅入ってくる。やっぱり外に出ないとダメなんです。ちょっと今日は気分が落ち気味だなと思っても、仕事に出ると、そうも言っていられない。無理に自分を装ってでもしゃんと背筋を伸ばさなくちゃいけないときもあります。そうしているうちに、落ち込んでいたことなんて忘れちゃいます。子育てでイライラしたときも、外に出て、一旦家から離れると、『ああ、ちょっと言い過ぎたかな』とか『今度はこんな言い方にしよう』と、自分から一歩離れて冷静になれるんです。仕事を持つと、時間的には確かにバタバタですが、私の場合、考える暇がないままに突っ走るほうが向いているみたい」

今、通っている表参道界隈は、ウィンドウディスプレイを眺めながら歩くだけでパワーや刺激をもらえるし、次々にできるショップをちらりと覗けば〝今〟の空気が感じられ、ワクワクと心が躍ります。最近ではご主人やお母様に和音くんを預けて、4

塩麹で簡単クッキング

塩麹さえあれば、メイン料理も、
副菜のサラダも、たちまちおいしく完成！

からりと揚げ焼きにするだけで、塩麹の効果で奥深い味わいに。和音くんも大好物なのだとか。

鶏ささみに塩麹を塗り、密閉容器に入れてひと晩置いておく。塩麹は裏ごしタイプがおすすめ。

揚がったら、バットの代わりに魚焼きグリルにキッチンペーパーを敷いた上へ。ハーブソルトをかけてできあがり。

揚げ物鍋は使わず、フライパンに多めに油を入れて、揚げ焼きに。焦げやすいので低めの温度でゆっくり。

キッチンペーパーで塩麹をふきとり、片栗粉を軽くまぶしてから揚げると、パサつかずジューシーな仕上がりに。

かあさんレシピ

酢、塩麹、オリーブオイルを1対1対1で混ぜると、絶品のドレッシングに。伊公子さんは、まとめて作ってびんに保存している。サラダにはゆで大豆を加えてボリュームアップ。

これ欲しい!

これ欲しい!

「中川政七商店」とイラストレーターmitsouさんのコラボのキッチンクロスはビビッドな色でキッチンがぐんと明るくなる。サラダにトッピングした蒸し大豆は「フジッコ」のもの。バジルとガーリックのソルトは「茅乃舎」で。

泊5日で中国に出張にも行くようになりました。

おかあさんには
やっぱり「わがまま」が必要

それでも、澤田家のリビングはいつもきちんと片づいて、センスのいい雑貨が飾られているし、夕食にはバランスのいいおかずが、これまた吟味して選んだ器に盛りつけられて並びます。「部屋が散らかっている状態が嫌いなんです。引き出しの中はごちゃごちゃでもいいんですが、出しっぱなしはイヤ。見えるところだけきれいになればOK。こまごま片づける時間はないけれど、〝片づいている風〟に見えればいいんです」と澤田さん。おいしいものを食べることが好きなので、日々の食事の準備は苦になりません。前の晩に肉や魚を塩麹やタレに漬けておいたり、野菜を洗ったり、刻んでおけば、夕方6時半に帰宅しても、7時には家族そろってご飯を食べられるそう。

和音くんも今年から中学1年生。「私は、あんまり『勉強しなさい』と言わないタイプ。やらないよりやったほうがいいけれど、子供なんだから、遊んでいたっていいと思うんです。低学年のときも『宿題やった?』とチェックはしませんでした。ただ、学校から帰ったら、必ず机の前に座る、という〝癖〟だけはつけさせようとがんばりました。自分の好きな時間でいいから、必ず宿題をやる『習慣』を作ろうって。そうすると、私がごはんの準備をしている間や、食べた後に自然に自分で宿題をすませるようになったんです」と澤田さん。

好きなことは我慢しない、というあの「わがまま力」は、今なお健在です。時には、休日にひとりで好きな雑貨屋めぐりに出かけるし、夜、友達とディナーに行くことも。子育てや仕事に追われて、自分が何を好きだったかさえ忘れてしまう……なんてことにならないように。澤田さんの「かあさんマネジメント」の基本は、「わが道を行く」でした。まわりのおかあさんがああしているから、みんながこう言っているから、という理由で、行動を決めることはありません。自分の世界が子供のこと一色には染まらないし、子供には自分の好きなことは自分で見つけてほしいと願っている。

澤田さんはこう語ります。「私自身がいつまでたっても子供だし、36歳という決して若くない年齢だったのに、何もわからないまま母親になりました。子育ては、自分が思いもよらないことがたくさん起こります。そのたびに、一緒に感じ、一緒に泣きながら過ごしてきた感じかな」。

軸足さえぶれなければ、何かが起こるたびに立ち止まり、悩み、考えても、また自分らしく歩き出せる。そんなしなやかな強さが、澤田さんの笑顔を支えています。

帰ってきた自分のために部屋は見えるところだけ美しく

すぐマネしたい!

定位置を決めて「出したら戻す」が基本

上／リビングボードはぎっしり詰め込まず、適度な「間」をあけてディスプレイするのがコツ。下／おやつは食卓の上のかごへ。布で目隠しして。

右／リビングボードの中。「無印良品」の引き出しを組み込んで薬専用に。左／ソファの前のローテーブルには、かごをセットしリモコン入れに。キッチンクロスで目隠しを。

澤田伊公子さんの
かあさんマネジメント

1 子育てから仕事の話までなんでも
相談できる友達を持つ

2 イヤイヤ期には、自分を無にして
子供にとことん付き合う

3 旅行、友達との会食。
自分が本当にやりたいことはがまんしない

4 誰かの目を気にせず、
子育ては、自分で確かめ、自分で決める

5 部屋すべてをきれいにしようとせず
見えるところだけでOKと割り切る

6 「これがあれば安心」という
マイ定番の作り置きおかずを用意する

おわりに

私には子供がいません。なのに、どうしてかあさんのための本を？　それは常々、まわりにいる子供がいる友人、仕事仲間、そして取材させていただいたかあさんたちを、それはもう、心の底から「すごいなあ〜」と尊敬しているからなのです。私は自分の時間を100％自分のために使うことができます。仕事が忙しくなれば「今日はごはん作れません！」と言ったって連れ合いは自分でなんとかするでしょうし、夜遅くからの打ち合わせでも「はいはい、大丈夫！」と飛んでいくことができます。

でも……。かあさんたちは、仕事の打ち合わせが佳境に入っていても、夕方決まった時間になれば「ちょっとすみません」と帰るし、どんなにやりがいのある仕事でも、1泊2日の出張には、めったなことでは行くことができません。子供がいると、できないことがたくさんある……。でも、家に帰って玄関から一歩中に入れば、くるりと世界が反転して、「できないこと」なんて、まったく関係のない、炊飯器の湯気と、ハンバーグの香りと、子供たちのにぎやかな声に満ちた空間が広がっています。そんなかあさんたちが持っているものが、私はうらやましくて仕方がありません。やりがいのある仕事より、大事なことがある。それって、なんて幸せなことなのでしょう！ そして彼女たちの強さ、やさしさ、限られた時間の使い方、スイッチの切り替え方など、日々を乗り切るための術を、感嘆しながら見つめながら、「子育て」と「仕事」というギリギリのバランスの上を、綱渡りのように走る日々には、宝物のような知恵がぎっしり詰まっているんだなあと感じるのです。

今回、そんなかあさんたちの日々を、子供がいない私が一歩引いた目でレポートしてみました。その中で見えてきたのが、かあさんの「暮らしのマネジメント力」です。マネジメントという新たな視点が、子供がいる人にとっても、いない人にとっても、「いつも」を変える力となってくれると信じています。

一田憲子

一田憲子　いちだ・のりこ

1964年京都府生まれ兵庫県育ち。編集者・ライター。OLを経て編集プロダクションへ転職後、フリーライターとして女性誌、単行本の執筆などで活躍。企画から編集を手がける暮らしの情報誌『暮らしのおへそ』『大人になったら着たい服』（ともに主婦と生活社）は、独自の切り口と温かみのあるインタビューで多くのファンを獲得。全国を飛び回り、著名人から一般人まで、これまでに数多くの女性の取材を行っている。著書に『「私らしく」働くこと』『ラクする台所』（マイナビ）などがある。日々の気づきからビジネスピープルへのインタビューまで、生きるヒントを届ける自身のサイト「外の音、内の香（そとのね、うちのか）」を主宰。
http://ichidanoriko.com/

かあさんの暮《く》らしマネジメント
仕事《しごと》、家事《かじ》、人生《じんせい》をラクに楽《たの》しくまわすコツ

2017年3月7日　初版第1刷発行

著者　一田憲子
発行者　小川 淳
発行所　SBクリエイティブ株式会社
〒106-0032 東京都港区六本木2-4-5
電話 03-5549-1201（営業部）

印刷・製本　図書印刷株式会社

デザイン　三木俊一（文京図案室）
写真　枦木 功
編集担当　八木麻里

落丁本、乱丁本は小社営業部にてお取り替えいたします。
定価はカバーに記載されております。
本書の内容に関するご質問等は、小社学芸書籍編集部まで書面にてお願いいたします。

Printed in Japan
ISBN978-4-7973-8911-1